Romina Henle

Auswahlprozesse für externe Coachs

Romina Henle

Auswahlprozesse für externe Coachs

Eine explorative Untersuchung in Großunternehmen

VDM Verlag Dr. Müller

Impressum/Imprint (nur für Deutschland/ only for Germany)
Bibliografische Information der Deutschen Nationalbibliothek: Die Deutsche Nationalbibliothek verzeichnet diese Publikation in der Deutschen Nationalbibliografie; detaillierte bibliografische Daten sind im Internet über http://dnb.d-nb.de abrufbar.
Alle in diesem Buch genannten Marken und Produktnamen unterliegen warenzeichen-, marken- oder patentrechtlichem Schutz bzw. sind Warenzeichen oder eingetragene Warenzeichen der jeweiligen Inhaber. Die Wiedergabe von Marken, Produktnamen, Gebrauchsnamen, Handelsnamen, Warenbezeichnungen u.s.w. in diesem Werk berechtigt auch ohne besondere Kennzeichnung nicht zu der Annahme, dass solche Namen im Sinne der Warenzeichen- und Markenschutzgesetzgebung als frei zu betrachten wären und daher von jedermann benutzt werden dürften.

Coverbild: www.purestockx.com

Verlag: VDM Verlag Dr. Müller Aktiengesellschaft & Co. KG
Dudweiler Landstr. 99, 66123 Saarbrücken, Deutschland
Telefon +49 681 9100-698, Telefax +49 681 9100-988, Email: info@vdm-verlag.de

Herstellung in Deutschland:
Schaltungsdienst Lange o.H.G., Berlin
Books on Demand GmbH, Norderstedt
Reha GmbH, Saarbrücken
Amazon Distribution GmbH, Leipzig
ISBN: 978-3-639-17147-1

Imprint (only for USA, GB)
Bibliographic information published by the Deutsche Nationalbibliothek: The Deutsche Nationalbibliothek lists this publication in the Deutsche Nationalbibliografie; detailed bibliographic data are available in the Internet at http://dnb.d-nb.de.
Any brand names and product names mentioned in this book are subject to trademark, brand or patent protection and are trademarks or registered trademarks of their respective holders. The use of brand names, product names, common names, trade names, product descriptions etc. even without a particular marking in this works is in no way to be construed to mean that such names may be regarded as unrestricted in respect of trademark and brand protection legislation and could thus be used by anyone.

Cover image: www.purestockx.com

Publisher:
VDM Verlag Dr. Müller Aktiengesellschaft & Co. KG
Dudweiler Landstr. 99, 66123 Saarbrücken, Germany
Phone +49 681 9100-698, Fax +49 681 9100-988, Email: info@vdm-publishing.com

Copyright © 2009 by the author and VDM Verlag Dr. Müller Aktiengesellschaft & Co. KG and licensors
All rights reserved. Saarbrücken 2009

Printed in the U.S.A.
Printed in the U.K. by (see last page)
ISBN: 978-3-639-17147-1

Für Mary & Erwin

Ein besonderer Dank geht an die befragten Experten, die diese Arbeit erst möglich gemacht und einer Veröffentlichung zugestimmt haben sowie an das Personalentwicklungsteam von Mazda Motor Europe, die mich mit der Untersuchung dieses Themas betraut haben.

Ich bedanke mich ebenso bei Karl Düsseldorff und Anette Cezanne, die meine Arbeit betreut haben.

Ich danke auch alle anderen die mich hier unterstützt haben, insbesondere Thorsten Klein.

Inhaltsverzeichnis

1 Einleitung 7
  1.1 Gegenstand der Untersuchung 9
  1.2 Forschungsstand zum Thema Coaching und zur Coach-Auswahl 10
  1.3 Methodik der Untersuchung 11
  1.4 Bezug zum Diplom-Studiengang Erziehungswissenschaft mit der Studienrichtung Erwachsenenbildung/ Weiterbildung und dem Schwerpunkt Qualifikationsmanagement/ Organisationsentwicklung 11
  1.5 Aufbau der Arbeit 13
2 Eine Einführung in die Grundlagen der Personalentwicklungsmaßnahme Coaching .. 16
  2.1 Der Ursprung von Coaching 16
  2.2 Eine Definition von Coaching 17
  2.3 Die verschiedenen Formen von Coaching 18
    2.3.1 Das Einzel-Coaching 19
    2.3.2 Das Gruppen-Coaching 21
    2.3.3 Das Team-Coaching 22
    2.3.4 Das Projekt-Coaching 22
  2.4 Die Herkunft des Coachs – Coaching durch externe oder interne Berater 23
    2.4.1 Das organisationsexterne Coaching 24
    2.4.2 Das organisationsinterne Coaching 24
      2.4.2.1 Das Stabscoaching 24
      2.4.2.2 Das Liniencoaching 25
  2.5 Die Zielsetzungen von Coaching-Maßnahmen 26
  2.6 Die Anlässe zur Aufnahme von Coaching-Aktivitäten 28
3 Die zehn Erfolgsfaktoren bei der Implementierung von Coaching im Unternehmen .. 32
4 Die zentrale Steuerung von Coaching-Aktivitäten im Unternehmen 39
  4.1 Die Bildung eines Coach-Pools im Unternehmen 40
  4.2 Die Vermittlung von Coaching-Maßnahmen durch die Koordinierungsstelle ... 43
5 Der Coach-Auswahlprozess 46
  5.1 Die Entwicklung eines Coachprofils für das Unternehmen – Qualifikations- und Kompetenz-Anforderungen an den Coach 50
  5.2 Das Profil eines externen Coachs 51
  5.3 Potentielle Wege zu Coaching-Anbietern 55
6 Die Berufseignungsdiagnostik 57
  6.1 Die Berufseignungsdiagnostik und ihre drei Ansätze 57
    6.1.1 Das biografieorientierte Verfahren der Personalauswahl 58
      6.1.1.1 Einzelne Verfahren des biografieorientierten Personalauswahlansatzes . 59
      6.1.1.2 Analyse der Bewerbungsunterlagen 59
      6.1.1.3 Der biografische Fragebogen 61
      6.1.1.4 Das Interview 61
        6.1.1.4.1 Einzelne Typen strukturierter Interviews 62
          6.1.1.4.1.1 Das Behavioral Description Interview 62
          6.1.1.4.1.2 Das situative Interview 62
          6.1.1.4.1.3 Das Multimodale Interview 63
    6.1.2 Das simulationsorientierte Verfahren der Personalauswahl 65
      6.1.2.1 Einzelne Verfahren des simulationsorientierten Personalauswahlansatzes
.... 65

6.1.2.1.1 Das Rollenspiel 65
6.1.2.1.2 Die Präsentation 66
6.1.2.1.3 Das Assessment Center 67
6.1.3 Das konstruktorientierte Verfahren der Personalauswahl 68
6.1.4 Fazit: Die Multimodalität oder Multimethodalität als Auswahlprinzip 69
7 Methodenteil – Theoretische Grundlagen 71
7.1 Explorative Untersuchungen und Experteninterviews 71
7.1.1 Die Wahl der Untersuchungsart und –methode 71
7.1.2 Das Experteninterview: Ein leitfadengestütztes, offenes Interview 72
7.1.3 Die Experten als Adressaten des Experteninterviews 74
7.1.4 Die Fallauswahl bei explorativen Untersuchungen 74
7.2 Die Befragung 75
7.2.1 Das persönliche ‚Face-to-face'-Interview 76
7.2.1.1 Vorteile des persönlichen Interviews 76
7.2.1.2 Nachteile des persönlichen Interviews 77
7.2.2 Das telefonische Interview 78
7.2.2.1 Vorteile des telefonischen Interviews 78
7.2.2.2 Nachteile des telefonischen Interviews 78
7.3 Die Konstruktion des Interviewleitfadens 79
8 Konstruktion des Interviewleitfadens und Durchführung der Interviews 82
8.1 Leitfaden der vorliegenden Arbeit 82
8.2 Die Anwerbung und Kontaktaufnahme von Untersuchungsteilnehmern 86
8.3 Eine anonymisierte Kurzdarstellung der befragten Unternehmen 86
8.4 Die Durchführung der Interviews 87
8.5 Die Transkription 88
8.6 Die Auswertungsstrategie 88
9 Ergebnisse der Experteninterviews 91
9.1 Ergebnisse Unternehmen 1 91
9.1.1 Organisatorische Rahmenbedingungen 91
9.1.2 Die Anforderungen an den Coach 91
9.1.3 Die Vorauswahl 92
9.1.4 Der Auswahlprozess 93
9.1.5 Die Auswahlmethoden und –instrumente 93
9.1.6 Der Evaluierungsprozess 94
9.1.7 Zusatzinformationen: Coaching-Implementierung im Unternehmen 95
9.2 Ergebnisse Unternehmen 2 96
9.2.1 Organisatorische Rahmenbedingungen 96
9.2.2 Die Anforderungen an den Coach 96
9.2.3 Die Vorauswahl 97
9.2.4 Der Auswahlprozess 97
9.2.5 Die Auswahlmethoden und – instrumente 98
9.2.6 Der Evaluierungsprozess 98
9.2.7 Zusatzinformationen: Coaching-Implementierung im Unternehmen 99
9.3 Ergebnisse Unternehmen 3 99
9.3.1 Organisatorische Rahmenbedingungen 99
9.3.2 Die Anforderung an den Coach 100
9.3.3 Die Vorauswahl 100
9.3.4 Der Auswahlprozess 101

9.3.5 Die Auswahlmethoden und –instrumente 101
9.3.6 Der Evaluierungsprozess 101
9.3.7 Zusatzinformationen: Coaching-Implementierung im Unternehmen 102
9.4 Ergebnisse Unternehmen 4 103
9.4.1 Organisatorische Rahmenbedingungen 103
9.4.2 Die Anforderungen an den Coach 103
9.4.3 Die Vorauswahl 104
9.4.4 Der Auswahlprozess 105
9.4.5 Die Auswahlmethoden und –instrumente 105
9.4.6 Der Evaluierungsprozess 108
9.4.7 Zusatzinformationen: Coaching-Implementierung im Unternehmen 108
9.5 Ergebnisse Unternehmen 5 108
9.5.1 Organisatorische Rahmenbedingungen 108
9.5.2 Die Anforderungen an den Coach 109
9.5.3 Die Vorauswahl 110
9.5.4 Der Auswahlprozess 111
9.5.5 Die Auswahlmethoden und –instrumente 112
9.5.6 Der Evaluierungsprozess 112
9.5.7 Zusatzinformationen: Coaching-Implementierung im Unternehmen 113
9.6 Ergebnisse Unternehmen 6 114
9.6.1 Organisatorische Rahmenbedingungen 114
9.6.2 Die Anforderung an den Coach 114
9.6.3 Die Vorauswahl 114
9.6.4 Der Auswahlprozess 115
9.6.5 Die Auswahlmethoden und –instrumente 115
9.6.6 Der Evaluierungsprozess 115
9.6.7 Zusatzinformationen: Coaching-Implementierung im Unternehmen 116
9.7 Ergebnisse Unternehmen 7 116
9.7.1 Organisatorische Rahmenbedingungen 116
9.7.2 Die Anforderungen an den Coach 117
9.7.3 Die Vorauswahl 118
9.7.4 Der Auswahlprozess 118
9.7.5 Die Auswahlmethoden und –instrumente 118
9.7.6 Der Evaluierungsprozess 119
9.7.7 Zusatzinformationen: Coaching-Implementierung im Unternehmen 119
9.8 Ergebnisse Unternehmen 8 119
9.8.1 Organisatorische Rahmenbedingungen 119
9.8.2 Die Anforderungen an den Coach 120
9.8.3 Die Vorauswahl 121
9.8.4 Der Auswahlprozess 121
9.8.5 Die Auswahlmethoden und -instrumente 121
9.8.6 Der Evaluierungsprozess 122
9.8.7 Zusatzinformationen: Coaching-Implementierung im Unternehmen 122
9.9 Zusammenfassende Betrachtung der Interviewergebnisse 123
9.9.1 Organisatorische Rahmenbedingungen 123
9.9.2 Die Anforderungen an den Coach 123
9.9.3 Die Vorauswahl 128
9.9.4 Der Auswahlprozess 128

9.9.5 Die Auswahlmethoden und - instrumente 129
9.9.6 Der Evaluierungsprozess 130
10 Handlungsempfehlungen zur Implementierung eines Prozesses zur Auswahl 131
externer Coachs 131
  10.1 Organisatorische Rahmenbedingungen 131
  10.2 Die Anforderungen an den Coach 133
  10.3 Die Vorauswahl 138
  10.4 Der Auswahlprozess 138
  10.5 Die Auswahlmethoden und –instrumente 139
  10.6 Ein exemplarischer Auswahlprozess für externe Coachs 140
  10.7 Der Evaluierungsprozess 143
11 Abschließende Ausführungen 144
  11.1 Fazit: Unternehmensübergreifende Tendenzen aus den
  Untersuchungsergebnissen 144
  11.2 Weitere Anregungen zur Implementierung von Coaching im Unternehmen 146
  11.3 Forschungsdesiderata 147
Literaturverzeichnis 149
Internetverzeichnis 154
Interviewleitfaden 155
Coach-Profilbogen 166

1 Einleitung

Coaching als Maßnahme der Personalentwicklung zur Steigerung der Lern- und Veränderungsfähigkeit von Individuen, findet heutzutage immer mehr Beachtung und Anwendung in Unternehmen. Ein wesentlicher Grund hierfür sind Veränderungen in der Arbeitswelt, die neue Herausforderungen für Organisationen und deren Beschäftigten mit sich bringen. Der „Strukturwandel der Beschäftigung in seiner doppelten Ausprägung"[1] im Sinne einer steigenden Tendenz hin zu Dienstleistungsformen sowie zu wissens- und qualifikationsbasierenden Produktions- und Dienstleistungstätigkeiten, als auch der Wandel von „Beschäftigungsverhältnissen und Arbeitsprozessen selbst"[2] führen zu einer kontinuierlich wachsenden Komplexität in der Arbeitswelt, die wiederum Maßnahmen zur Förderung von Veränderungs- und Lernprozessen in Unternehmen verlangt, damit jene den sich wandelnden Anforderungen der Arbeitswelt entsprechen und weiterhin bestehen können.[3] Auf Basis dieser einsetzenden Veränderungsdynamiken und dem daraus resultierenden Bedarf an Erneuerungsfähigkeit, wird es für Unternehmen heutzutage demnach immer wichtiger, die eigenen Mitarbeitern fortzubilden und entlang den sich verändernden Arbeitsanforderungen weiterzuentwickeln. Dabei führen die oben genannten strukturalen Wandlungsprozesse auch zu veränderten organisationalen Bedingungen im Unternehmen selbst, wie beispielsweise die weitere Abflachung von Hierarchien, als auch die zunehmende Dezentralisierung und Flexibilisierung von Arbeitsprozessen, die wiederum erhöhte Anforderungen an Mitarbeiter im Bereich der Selbstverantwortung, Selbststeuerung und Entscheidungsfähigkeit stellen, da jene mit den sich stetig ändernden Situationen konfrontiert werden. Folglich sind neue Kompetenzen und Qualifikationen im betrieblichen Kontext erforderlich, die sich situativ und kurzfristig auf neue Aufgabengebiete übertragen lassen, um auf den immer wiederkehrenden Wandel adäquat und flexibel reagieren zu können. Diese Forderung nach Erneuerung und Kompetenzerweiterung bedingt allerdings auch, neue Lernwege einzuschlagen und

---

[1] Baethge, M.: Arbeit, Vergesellschaftung, Identität – Zur zunehmenden normativen Subjektivierung der Arbeit. In: Soziale Welt, 1, 1991, S. 12
[2] Baethge, M.: Arbeit, Vergesellschaftung, Identität – Zur zunehmenden normativen Subjektivierung der Arbeit. In: Soziale Welt, 1, 1991, S. 12
[3] Vgl. Zedler, P.: Wirtschaft. In: Otto, H.-U.; Rauschenbach, T., Vogel, P. (Hrsg.) (2002): Erziehungswissenschaft: Arbeitsmarkt und Beruf. Opladen: Leske + Budrich, S. 97

maßgeschneiderte Entwicklungskonzepte zu entwickeln, die eine „Förderung persönlicher Fähigkeiten und die Entwicklung von Denkstrukturen, die auf vielfältige Handlungssituationen übertragbar sind"[4] ermöglichen. Ein Entwicklungsinstrument, das sich für diesen Zweck besonders eignet ist Coaching, als individuelle Form der Beratung, die durch Feedback und Selbstreflexion eine Hilfestellung zur Erkennung und Erweiterung eigener Entfaltungs- und Handlungspotentiale bietet. Nach SCHREYÖGG besteht eine grundlegende Zielsetzung von Coaching „in der Förderung beruflicher Selbstgestaltungspotenziale"[5], die eine individuelle Effizienz- und Leistungssteigerung in Bezug auf Arbeits- und Führungsaufgaben im Betrieb ermöglicht. Dies bestätigt sich auch in der betrieblichen Praxis, wobei Coaching als Personalentwicklungsmaßnahme in Bezug auf die sich verändernden Arbeitsbedingungen einen immer höheren Stellenwert einnimmt, wie auch anhand des erhobenen empirischen Materials im Rahmen dieser Arbeit ersichtlich wird:

> „Ja. Viel Wert darauf zu legen, es wird einen gesteigerten Stellenwert im Zukunft haben, nicht nur, weil die Arbeitnehmer mehr verlangen, im Zuge der demographischen Entwicklung wird schwieriger sein, Leute zu halten, dass wir eine Gießkanne mit in der Weiterbildung nicht ausreichen, sondern sie wollen dann wirklich den Leute customised Training anbieten, des dann wirklich qualifiziert zu machen, punktuell bezogen, sowohl profilaktisch, als auch wenn es ein Problem gibt, im Sinne der Organisationsentwicklung, das sie sagen da stockt was im Fluss, da braucht jemand Unterstützung genau bei dem Problem, dann qualifiziertes Tool zu entwickeln für die Auswahl, das auch sage ich mal professionellen Leuten zu übergeben, meistens wird es im Personal sein, und natürlich dann die laufenden Coachings zu evaluieren und nachzuhalten, ob sie Erfolg haben. Das würde ich empfehlen."[6]

Aufgrund dieser besonderen Bedeutung von Coaching in Unternehmen stellt sich für Betriebe somit zunehmend die Frage, wie diese Maßnahme im betrieblichen Zusammenhang eingebettet und deren Umsetzung in die Unternehmensprozesse

---

[4] Knauf, H.: Das Konzept der Schlüsselqualifikationen und seine Bedeutung für die Hochschule. Einführung in das Thema. In: Knauf, H.; Knauf, M. (Hrsg.) (2003): Schlüsselqualifikationen praktisch. Veranstaltungen zur Förderung überfachlicher Qualifikationen an deutschen Hochschulen. Bielefeld: Bertelsmann Verlag, S. 12
[5] Schreyögg, A. (2003): Coaching. Eine Einführung für Praxis und Ausbildung. 6., überarbeitete und erweiterte Auflage. Frankfurt: Campus Verlag, S. 13
[6] Interview mit Unternehmen 3

erfolgen soll. Bei der Auseinandersetzung mit diesem Thema, der Implementierung von Coaching-Aktivitäten in Unternehmen, gewinnen die Fragen, wie die Suche nach geeigneten Coachs am effektivsten ablaufen soll und wie Coachs für das eigene Unternehmen ausgewählt werden somit an Relevanz. Dabei soll der Schwerpunkt dieser Arbeit auf dem zweiten Aspekt, der Auswahl von Coachs für Unternehmen, liegen.

1.1 Gegenstand der Untersuchung

Die vorliegende Diplomarbeit habe ich im Auftrag der Abteilung ‚HR Training & Development Europe' der Mazda Motor Europe GmbH am Institut für Berufs- und Weiterbildung der Universität Duisburg-Essen verfasst. Die Fragestellung dieser Arbeit entstand aus dem Anliegen der Abteilung, mehr über das Thema Auswahlprozesse für externe Coachs zu erfahren, da die Abteilung ‚HR Training & Development Europe' beabsichtigt, einen professionellen Auswahlprozess für externe Coachs zu etablieren. Aufgrund des zunehmenden Stellenwerts der Personalentwicklungsmaßnahme Coaching sowie der steigenden Nachfrage im Unternehmen seitens der Führungskräfte, möchte die Mazda Motor Europe GmbH das Angebot an Einzel-Coaching-Aktivitäten im Unternehmen erweitern und systematisieren. Im Zuge der Institutionalisierung der Maßnahme Coaching im Unternehmen ist ebenfalls beabsichtigt, einen eigenen Coach-Pool zu etablieren. Bislang wurden vereinzelt Coaching-Dienstleistungen an Mitarbeiter vermittelt, ohne auf einen vordefinierten Auswahl- und Vermittlungsprozess zurückzugreifen. Da diese Einzelvermittlungen in der Praxis jedoch eher eine Ausnahme bilden, werden diese in der vorliegenden Arbeit nicht weitergehend betrachtet.

Aus dem beschriebenen Anliegen resultierte das im Rahmen dieser Arbeit bearbeitete Projekt, dem Thema der Coach-Auswahl für das Unternehmen nachzugehen und Handlungsempfehlungen zur Implementierung eines Prozesses zur Auswahl externer Coachs zu generieren. Im Rahmen meines Projektauftrags, eine Grundlage zur Implementierung von Coach-Auswahlprozessen zu schaffen, sind für diese Arbeit folgende Fragestellungen relevant, die zugleich auch die Forschungsfragen der Untersuchung widerspiegeln:

- Wie sollte man bei der Coachselektion professionell vorgehen?
- Welches Auswahlverfahren eignet sich besonders gut für die Auswahl von externen Coachs?
- Welche Kriterien sind bei der Coach-Auswahl wichtig?

Die Mazda Motor Europe GmbH ist die europäische Zentrale des Automobilkonzerns Mazda, die vom ihrem Hauptsitz in Leverkusen aus, die europäischen Vertriebsgesellschaften und die unabhängig operierenden Importeure in allen strategischen sowie operativen Prozessen steuert und unterstützt. Die Abteilung ‚HR Training & Development Europe' ist für die Unterstützung der Belegschaften in den Bereichen Training und Personalentwicklung zuständig.

1.2 Forschungsstand zum Thema Coaching und zur Coach-Auswahl

Trotz der weiten Verbreitung der Maßnahme Coaching in der Praxis hat sich noch kein eigenständiger Forschungszweig zu diesem Thema etabliert.[7] Coaching als Untersuchungsfeld ist noch weitgehend unerforscht, wobei wissenschaftliche Forschungsergebnisse aus Studien auf diesem Themengebiet noch eher Mangelware darstellen.[8] Es besteht dementsprechend eine große Diskrepanz zwischen wissenschaftlich fundierten Beiträgen und den zahlreichen Publikationen mit nicht-wissenschaftlichem Charakter. Auch die Wirksamkeitsforschung von Coaching ist noch nicht entsprechend herausgebildet.[9] Vollständig unerforscht ist zudem das Thema Auswahlprozesse für externe Coachs, so dass für diese Arbeit auf keinen Forschungsstand zurückgegriffen und dies dementsprechend nicht aufgearbeitet werden konnte.

Zur Einordnung der Forschungsfragen wurde das Thema Coaching zunächst aus einer allgemeinen Perspektive theoretisch betrachtet, um danach den Fokus auf die

---

[7] Vgl. Geßner, A. (2000): Coaching – Modelle zur Diffusion einer sozialen Innovation der Personalentwicklung. Frankfurt am Main: Peter Lang Europäischer Verlag der Wissenschaften, S. 14-15
[8] Vgl. Geßner, A. (2000): Coaching – Modelle zur Diffusion einer sozialen Innovation der Personalentwicklung. Frankfurt am Main: Peter Lang Europäischer Verlag der Wissenschaften, S. 14-15
[9] Vgl. Künzli, H.: Wirksamkeitsforschung im Coaching. In: Lippmann, E. (Hrsg.) (2006): Coaching. Angewandte Psychologie für die Beratungspraxis. Heidelberg: Springer Medizin Verlag, S. 280

Implementierung von Coaching im Betrieb und die Auswahlprozesse für externe Coachs zu richten. Dabei waren insbesondere Beiträge mit praktischem Bezug an dieser Stelle hilfreich, um eine erste Annäherung an die betriebliche Praxis zu erhalten. Des Weiteren wurden hierfür und zur Vorbereitung der empirischen Untersuchung Erkenntnisse aus der Berufseignungsdiagnostik berücksichtigt, die auch für die Auswahl von Coachs herangezogen werden können. Die Einbeziehung der beruflichen Eignungsdiagnostik als Forschungszweig der Psychologie und die Interdisziplinarität des Themenfeldes Coaching, das von mehreren Wissenschaftsdisziplinen betrachtet wird, veranlasst die Bearbeitung der vorliegenden Fragestellung im Rahmen eines interdisziplinären Zugangs, um den größtmöglichen Nutzen für den Projektauftrag zu generieren.

1.3 Methodik der Untersuchung

Aufgrund der vorhandenen Forschungslücke und der ebenfalls unzureichenden Literaturlage zum Thema Coach-Auswahl im betrieblichen Umfeld, werden die Fragestellungen dieser Arbeit mit einem empirischen Ansatz angegangen, da eine theoriebezogene Abhandlung der Untersuchungsfrage als wenig geeignet erachtet wurde. Das Ziel dieser Arbeit ist somit die Erhebung von empirischem Material, um den Fragestellungen dieser Arbeit entsprechend nachgehen zu können.

Für die Felderkundung und Generierung von Wissen eignen sich Untersuchungen mit explorativem Charakter. Es wurden Experteninterviews mit Coaching-Verantwortlichen in Großunternehmen durchgeführt, da diese aufgrund ihrer betrieblichen Stellung über Erfahrungswissen in diesem Themenfeld verfügen und somit als Wissensträger über das Thema Auswahlprozesse von externen Coachs als geeignet befunden wurden.

1.4 Bezug zum Diplom-Studiengang Erziehungswissenschaft mit der Studienrichtung Erwachsenenbildung/ Weiterbildung und dem Schwerpunkt Qualifikationsmanagement/ Organisationsentwicklung

Aus pädagogischer Sicht interessiert besonders, wie man das Individuum und seine Umwelt anregen und beeinflussen kann, da das pädagogische Handeln die zentrale

Aufgabe hat, „Lernen zu ermöglichen"[10]. Der Auftrag des Pädagogen liegt in der Lern-Unterstützung von Individuen, damit diese bestmöglich von ihren Lernerfahrungen und -chancen profitieren, sei es für die berufliche sowie für die persönliche Entwicklung. Dabei sind professionelle Pädagogen nach GIESECKE „Lernhelfer, die planmäßig und zielorientiert vorgehen, und die dies an bestimmten, öffentlich bekannten Orten tun (Institutionen)."[11] Die Institution Betrieb und ihre Arbeitsfelder Aus- und Weiterbildung, Personal- und Organisationsentwicklung gewinnen dabei für (Erwachsenen-)Pädagogen zunehmend an Bedeutung.[12] Der Strukturwandel in der Arbeitswelt und in Unternehmen, der neue Kompetenzen und Qualifikationsanforderungen fordert, hat nach ZEDLER dazu geführt, dass „nicht nur der Bedarf an Weiterbildung der MitarbeiterInnen in Unternehmen sprunghaft an[stieg], sondern ebenso stark [...] auch der Bedarf an Fachleuten [stieg], die in der Lage sind, die Veränderungs- und Lernprozesse bei Individuen, Gruppen sowie auf der Ebene der Systemorganisation zu initiieren, zu unterstützen, zu steuern und zu kontrollieren."[13] Die Tätigkeiten in diesem wirtschaftlichen Arbeitszweig, die zunehmend auch von Erziehungswissenschaftlern übernommen werden, sind unter anderem die Organisation, Planung und Evaluation von Weiterbildungsaktivitäten, die Personalauswahl und -beurteilung sowie die Konzeption und Koordination von Führungsentwicklungsprogrammen und -maßnahmen, worunter auch die Maßnahme Coaching einzuordnen ist. Diese Entwicklungen werden ebenfalls in der erziehungswissenschaftlichen Lehre und Forschung aufgegriffen, wobei nach ZEDLER die „wissenschaftliche Literatur in den Bereichen der Personalentwicklung, Führung, Organisationsentwicklung, Beratungsmethodik u.a. [...] zwar nach wie vor von AutorInnen aus der Betriebswirtschaft und der Psychologie dominiert"[14] wird. Die

---

[10] Giesecke, H. (2000): Pädagogik als Beruf. Grundformen pädagogischen Handelns. 7. Auflage. Weinheim und München: Juventa Verlag, S. 29
[11] Giesecke, H. (2000): Pädagogik als Beruf. Grundformen pädagogischen Handelns. 7. Auflage. Weinheim und München: Juventa Verlag, S. 76, im Original die Begriffe „Lernhelfer", „planmäßig" und „zielorientiert" hervorgehoben.
[12] Vgl. Frey, T. R. (2007): Personalentwicklung in Unternehmen – Ein Arbeitsfeld für Erwachsenenpädagogen. Bielefeld: W. Bertelsmann Verlag, S. 29 & Zedler, P.: Wirtschaft. In: Otto, H.-U.; Rauschenbach, T., Vogel, P. (Hrsg.) (2002): Erziehungswissenschaft: Arbeitsmarkt und Beruf. Opladen: Leske + Budrich, S. 95-103
[13] Zedler, P.: Wirtschaft. In: Otto, H.-U.; Rauschenbach, T., Vogel, P. (Hrsg.) (2002): Erziehungswissenschaft: Arbeitsmarkt und Beruf. Opladen: Leske + Budrich, S. 97, Auslassung und Zusätze vom Verfasser.
[14] Zedler, P.: Wirtschaft. In: Otto, H.-U.; Rauschenbach, T., Vogel, P. (Hrsg.) (2002): Erziehungswissenschaft: Arbeitsmarkt und Beruf. Opladen: Leske + Budrich, S. 98

zunehmende Bedeutung dieses Wirtschaftssektors als Arbeitsfeld für Pädagogen lässt allerdings erwarten, dass zukünftig mehr Forschungsbeiträge aus der erziehungswissenschaftlichen Wissenschaftsdisziplin geliefert werden.

1.5 Aufbau der Arbeit

Nach den vorgenommenen einleitenden Ausführungen dient das **zweite Kapitel** als Einführung in das Thema Coaching. Dabei wird der Leser an das Thema Coaching und an dessen Ursprung herangeführt, die verschiedenen Coaching-Formen und Varianten dargestellt sowie die Anlässe und Ziele von Coaching-Maßnahmen kurz erläutert. Die vielfältigen Aspekte und Anwendungsfacetten von Coaching können hier nicht vollständig dargestellt werden, da dies nicht der Zielsetzung der Arbeit entspricht und diese somit nicht berücksichtigt werden können.

Das **dritte Kapitel** beschäftigt sich mit der Implementierung von Coaching im Unternehmen. Dabei wird ein Vorgehensmodell, das die Institutionalisierung von Coaching-Programmen im Unternehmen unterstützen kann, mithilfe einer Studie aufgezeigt.

Im **vierten Kapitel** wird auf die Bedeutung einer zentralen Steuerung der Coaching-Aktivitäten im Unternehmen hingewiesen und die Bildung eines Coach-Pools als Möglichkeit der zentralen Koordinierung erläutert.

Das **fünfte Kapitel** fokussiert sich auf die Kernthematik der vorliegenden Arbeit. Es werden Auswahlprozesse von externen Coachs und die Entwicklung eines Coachprofils für das Unternehmen betrachtet.

Der Schwerpunkt des **sechsten Kapitels** stellt die Berufseignungsdiagnostik und deren drei Ansätze dar. Dabei werden einzelne Verfahren der Berufseignungsdiagnostik exemplarisch vorgestellt, die im Rahmen von allgemeinen Personalauswahl- sowie von Selektionsaktivitäten für Coachs relevant sind.

Im **siebten Kapitel** wird die methodische Forschungsgrundlage dieser Arbeit beschrieben. In diesem Zusammenhang wird begründet, weshalb ein explorativer Untersuchungsansatz und das Experteninterview als Untersuchungsmethode ausgewählt worden sind. Außerdem wird auf die persönliche und telefonische Befragungsform und die Fallauswahl, als auch auf die bei der Leitfadenkonstruktion verfolgten Prinzipien eingegangen.

Nachdem die theoretischen Grundlagen der Untersuchung im vorherigen Kapitel dargelegt wurden, beschreibt das **achte Kapitel** nun die praktische Umsetzung der Untersuchung. Dabei wird das angewandte Erhebungsinstrument vorgestellt, die befragten Unternehmen anonymisiert dargestellt und die praktische Durchführung der Interviews beschrieben. Zudem wird auch die verwendete Auswertungsstrategie für die im Interview erhobenen Daten dargelegt.

Im **neunten Kapitel** wird zunächst eine fallbezogene Darstellung der Ergebnisse aus den Experteninterviews vorgenommen, um dann in einer zusammenfassenden Betrachtung einzelne Aspekte hervorzuheben und entdeckte, unternehmensübergreifende Gemeinsamkeiten aufzuzeigen.

Das **zehnte Kapitel** betrachtet das Interviewmaterial als Grundlage für Handlungsempfehlungen. Auf Basis der gewonnenen empirischen Daten und aus den Erkenntnissen des theoretischen Teils dieser Arbeit werden Handlungsempfehlungen zum Thema Auswahl von externen Coachs formuliert. Dabei wird zur Stützung der Argumentationslinie auf zusätzliche Literatur zurückgegriffen.

Das **elfte Kapitel** umfasst die abschließenden Ausführungen der vorliegenden Arbeit. Es erfolgt eine Hervorhebung der wesentlichen aus dem empirischen Material gewonnenen Erkenntnisse. Darüber hinaus werden weitere Empfehlungen zur Implementierung von Coaching im Unternehmen ausgesprochen, die im Rahmen der durchgeführten Interviews ersichtlich wurden. Abschließend wird auf mögliche Forschungsfragen hingewiesen, die für die Forschung, als auch für die Praxis interessant und relevant sein könnten.[15]

---

[15] Es sei an dieser Stelle darauf hingewiesen, dass aus Gründen des einfacheren Verständnisses und der Lesbarkeit vorwiegend die männliche Form in der Verschriftung der Arbeit verwendet wurde. Soweit nicht ausdrücklich anderweitig hervorgehoben, umfasst dies auch die weibliche Form. Des Weiteren sei angemerkt, dass alle Zitate in der jeweils veröffentlichten und zum aktuellen Zeitpunkt gültigen Rechtschreibung übernommen sind.

2 Eine Einführung in die Grundlagen der Personalentwicklungsmaßnahme Coaching

2.1 Der Ursprung von Coaching

Coaching als Beratungsinstrument ist ein relativ neues Werkzeug der Personalentwicklung. Seit den ersten Anwendungen von Coaching im betrieblichen Kontext hat dieses Instrument eine rasante Entwicklung erfahren, womit Coaching heute zum Modewort und –erscheinung avanciert ist.[16]
Dabei ist diese Form der Beratung besonders auf Führungskräfte ausgerichtet, die sich entsprechend der sich permanent verändernden betrieblichen Anforderungen, stetig weiterentwickeln müssen.[17] Der Begriff Coach hat seinen etymologischen Stamm in der englischen Sprache und bedeutet Kutsche - „ein Beförderungsmittel, um schnell und bequem ein Ziel zu erreichen."[18] Die erste Übertragung des Begriffs auf die Beratung fand im angelsächsischen, universitären Umfeld statt, wobei die Tätigkeit von Tutoren an englischen Universitäten von den Studenten umgangssprachlich als Coaching bezeichnet wurde. Die Verbreitung der Begriffsverwendung Coaching fand zunächst primär über den Sport statt, wobei der Coach durch intensive Betreuung von Spitzensportlern deren Leistung zu verbessern versuchte.[19]
Coaching als professionelle Form der Beratung fand in den betrieblichen Alltag in den siebziger und achtziger Jahren Einzug, wobei die ursprüngliche Variante des Coachings, sich auf eine besondere Form des Verhältnisses zwischen Vorgesetzen und Mitarbeiter bezog.[20] Diese Art des Coachings entstand in amerikanischen Unternehmen, wo

---

[16] Die Entwicklung von Coaching lässt sich in sieben Phasen unterteilen. Vgl. Böning, U.: Coaching: Der Siegeszug eines Personalentwicklungs-Instruments – Eine 15-Jahres-Bilanz. In: Rauen, C. (Hrsg.) (2005): Handbuch Coaching. 3., überarbeitete und erweiterte Auflage. Göttingen: Hogrefe, S. 28-36
[17] Vgl. Böning, U.: Coaching: Der Siegeszug eines Personalentwicklungs-Instruments – Eine 15-Jahres-Bilanz. In: Rauen, C. (Hrsg.) (2005): Handbuch Coaching. 3., überarbeitete und erweiterte Auflage. Göttingen: Hogrefe, S. 21
[18] Manz, A.: Was macht ein Coach? Nur ein Modetrend oder ernstzunehmendes Tätigkeitsfeld? In: Päd. Blick, 1, 2007, S. 20
[19] Vgl. Manz, A.: Was macht ein Coach? Nur ein Modetrend oder ernstzunehmendes Tätigkeitsfeld? In: Päd. Blick, 1, 2007, S. 20-21
[20] Vgl. Schreyögg, A: Coaching. In: Nestmann, F.; Engel, F. und Sickendiek, U. (Hrsg.) (2004): Das Handbuch der Beratung. Band 2: Ansätze, Methoden und Felder. Tübingen: dgvt-Verlag, S. 947-8 & Manz, A.: Was macht ein Coach? Nur ein Modetrend oder ernstzunehmendes Tätigkeitsfeld? In: Päd. Blick, 1, 2007, S. 20-21 & Rauen, C: Varianten des Coachings im Personalentwicklungsbereich. In:

Coaching „als eine zielgerichtete und entwicklungsorientierte Mitarbeiterführung durch Vorgesetzte"[21] betrieben wurde.

Die Einführung des Coaching-Ansatzes in Deutschland fand über eine Verschiebung der Zielgruppe für Coaching-Aktivitäten statt. Dabei wurden diese Aktivitäten überwiegend auf das Top-Management ausgerichtet – in den Vereinigten Staaten hingegen zunächst auf die mittlere Führungsebene. Durch die Konzentration von Coaching-Maßnahmen auf die Unternehmensspitze erhält auch dieser Personenkreis eine Reflexions- und Entwicklungschance, die durch das natürliche Fehlen eines Vorgesetzten ansonsten ausbliebe.[22]

2.2 Eine Definition von Coaching

Der fehlende Schutz des Begriffs ‚Coach' als Berufsbezeichnung, die nicht vorhandenen „Qualifikations- und Ausbildungsstandards"[23] und die zumeist unklare Abgrenzung zu anderen Beratungsformen tragen zur Problematik der Festlegung einer einheitlichen Coaching-Definition bei. Aus den vielfältigen Definitionen dieser Beratungsform, die heute gehandelt werden, sind nach MANZ jedoch einige Charakteristika herauszufiltern, die mehr oder minder als allgemein akzeptiert gelten:

> „Coaching ist demnach eine zeitlich begrenzte individuelle Beratung, eine Hilfe zur Selbsthilfe und -reflexion, die schwerpunktmäßig im Bereich der Arbeitswelt, prozess- und organisationsbezogen arbeitet. Persönliches Feedback und praxisorientiertes Training sind wichtige Bestandteile der Methodik im Coachingprozess, der sowohl für Einzelpersonen, als auch für Teams und Gruppen geeignet ist. Coaching stellt keinen Ersatz für eine evtl. angezeigte Psychotherapie dar. Coaching hat das Ziel unter Beachtung ethischer

---

Rauen, C. (Hrsg.) (2005): Handbuch Coaching. 3., überarbeitete und erweiterte Auflage. Göttingen: Hogrefe, S. 115

[21] Böning, U.: Coaching: Der Siegeszug eines Personalentwicklungs-Instruments – Eine 15-Jahres-Bilanz. In: Rauen, C. (Hrsg.) (2005): Handbuch Coaching. 3., überarbeitete und erweiterte Auflage. Göttingen: Hogrefe, S. 28

[22] Vgl. Böning, U.: Coaching: Der Siegeszug eines Personalentwicklungs-Instruments – Eine 15-Jahres-Bilanz. In: Rauen, C. (Hrsg.) (2005): Handbuch Coaching. 3., überarbeitete und erweiterte Auflage. Göttingen: Hogrefe, S. 30

[23] Vgl. Looss, W.; Rauen, C: Einzel-Coaching – Das Konzept einer komplexen Beratungsbeziehung. In: Rauen, C. (Hrsg.) (2005): Handbuch Coaching. 3., überarbeitete und erweiterte Auflage. Göttingen: Hogrefe, S. 174

Grundsätze, individuelle Potentiale zu erkennen und zu entfalten, Leistungen zu maximieren und Arbeit-(Führungs-)aufgaben individuell zu meistern und zu gestalten."[24]

Nachdem Coaching nach MANZ nun definiert wurde, werden im Folgenden die verschiedenen Varianten, Anlässe und Ziele von Coaching-Maßnahmen betrachtet.[25]

2.3 Die verschiedenen Formen von Coaching

Im Nachstehenden werden die unterschiedlichen Formen von Coaching, das Einzel-Coaching, das Gruppen-Coaching, das Team-Coaching und das Projekt-Coaching, vorgestellt. Dabei stellt das Einzel-Coaching die ursprüngliche Form von Coaching dar, die im Laufe der Zeit durch die oben genannten Beratungsvarianten ergänzt wurden.[26]

---

[24] Manz, A.: Was macht ein Coach? Nur ein Modetrend oder ernstzunehmendes Tätigkeitsfeld? In: Päd. Blick, 1, 2007, S. 21
[25] Siehe Coaching-Definitionen u.a. bei: Backhausen, W.; Thommen, J.-P. (2006): Coaching. Durch systemisches Denken zu innovativer Personalentwicklung. 3. Auflage. Wiesbaden: Gabler, S. 20; Looss, W.; Rauen, C: Einzel-Coaching – Das Konzept einer komplexen Beratungsbeziehung. In: Rauen, C. (Hrsg.) (2005): Handbuch Coaching. 3., überarbeitete und erweiterte Auflage. Göttingen: Hogrefe, S. 157; Rauen, C (2003): Coaching. Göttingen: Hogrefe, S. 2-5 & Schmid, B.: Coaching und Team-Coaching aus systemischer Perspektive. In: Rauen, C. (Hrsg.) (2005): Handbuch Coaching. 3., überarbeitete und erweiterte Auflage. Göttingen: Hogrefe, S.200-205
[26] Vgl. Schreyögg, A: Coaching. In: Nestmann, F.; Engel, F. und Sickendiek, U. (Hrsg.) (2004): Das Handbuch der Beratung. Band 2: Ansätze, Methoden und Felder. Tübingen: dgvt-Verlag, S. 952

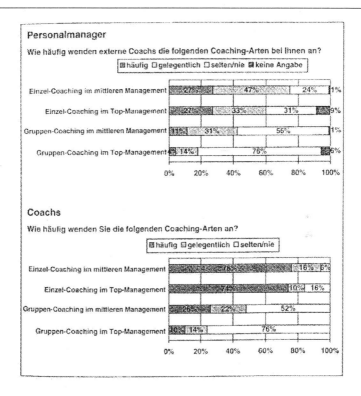

Abb. 1: Die Häufigkeit ausgewählter Coaching-Arten auf verschiedenen Ebenen[27]

2.3.1 Das Einzel-Coaching

Wie in der Abbildung von BÖNING aufgezeigt wird, stellt das Einzel-Coaching die am häufigsten vorkommende Art des Coachings dar. Diese Coaching-Variante ist durch die Zweierbeziehung zwischen Coach und Klient gekennzeichnet, die eine besondere Offenheit und Vertrautheit zwischen den Interaktionspartnern ermöglicht, und stellt so nach SCHREYÖGG „einen besonders intimen Rahmen für die Krisenarbeit und für die

---

[27] Böning, U.: Coaching: Der Siegeszug eines Personalentwicklungs-Instruments – Eine 15-Jahres-Bilanz. In: Rauen, C. (Hrsg.) (2005): Handbuch Coaching. 3., überarbeitete und erweiterte Auflage. Göttingen: Hogrefe, S. 43

Arbeit mit hochrangigen Führungskräften dar."[28] Jedoch stellen Führungskräfte an der Unternehmensspitze längst nicht mehr die einzige Zielgruppe von Einzel-Coaching dar; diese hat sich mittlerweile auch auf andere Führungs- und Mitarbeiterkreise ausgeweitet. Die Arbeitsweise im Einzel-Coaching ist durch eine intensive Interaktion gekennzeichnet, in der „die Anliegen des Gecoachten umfassend und – sofern gewünscht – auch langfristig bearbeitet werden. Da berufliche und private Themen oft nicht zu trennen sind bzw. sich gegenseitig bedingen, reichen die Maßnahmen des Coachs dabei auch in den privaten Bereich hinein, wenn dies notwendig erscheint und [vom Gecoachten so] gewollt ist."[29] Dabei erfordert diese Beratungsform eine gegenseitige Akzeptanz und Vertrauen zwischen Berater und Klient, die durch eine Gleichwertigkeit und Beziehungsintensität und –tiefe gekennzeichnet ist. Beziehungs- bzw. Machtgefälle sind für den Aufbau von Vertrauen und Akzeptanz im Einzel-Coaching folglich eher hinderlich.[30]

Die Fokussierung auf die konkreten Bedürfnisse des Klienten ist ein Vorteil der Arbeitsform Einzel-Coaching gegenüber anderen Coaching-Varianten. Auch wenn diese oft, so RAUEN, als einzig wahre Coaching-Variante betrachtet wird, hat sie auch einige Nachteile.[31] Eine Schwäche dieses Ansatzes liegt darin, dass der Klient im Verlauf des Coaching-Prozesses nur mit den Perspektiven des Coachs konfrontiert wird, die auch eindimensional sein und eventuell zu falschen Beurteilungen von Situationen führen können. Umgekehrt hat der Coach meistens auch nur eine Informationsquelle: „die subjektive[n] Wahrnehmungen und Interpretationen des Gecoachten"[32]. Auch diese Einseitigkeit an Informationen kann eine Färbung der besprochenen Themen hervorrufen und somit ebenso die Perspektiven des Beratungsprozesses verzerren. Dies

---

[28] Schreyögg, A. (2003): Coaching. Eine Einführung für Praxis und Ausbildung. 6., überarbeitete und erweiterte Auflage. Frankfurt: Campus Verlag, S. 222
[29] Rauen, C: Varianten des Coachings im Personalentwicklungsbereich. In: Rauen, C. (Hrsg.) (2005): Handbuch Coaching. 3., überarbeitete und erweiterte Auflage. Göttingen: Hogrefe, S. 125-6, Zusatz vom Verfasser
[30] Vgl. Rauen, C: Varianten des Coachings im Personalentwicklungsbereich. In: Rauen, C. (Hrsg.) (2005): Handbuch Coaching. 3., überarbeitete und erweiterte Auflage. Göttingen: Hogrefe, S. 126
[31] Vgl. Rauen, C: Varianten des Coachings im Personalentwicklungsbereich. In: Rauen, C. (Hrsg.) (2005): Handbuch Coaching. 3., überarbeitete und erweiterte Auflage. Göttingen: Hogrefe, S. 125
[32] Rauen, C: Varianten des Coachings im Personalentwicklungsbereich. In: Rauen, C. (Hrsg.) (2005): Handbuch Coaching. 3., überarbeitete und erweiterte Auflage. Göttingen: Hogrefe, S. 127, Zusatz vom Verfasser

kann nach RAUEN auch u.a. dazu führen, dass nur noch die Ziele des Klienten im Vordergrund stehen und der Abgleich mit den organisationalen Zielen nicht mehr stattfindet.[33]

2.3.2 Das Gruppen-Coaching

Das Gruppen-Coaching stellt eine Erweiterung des Einzelcoachings dar, wobei der Coach gleichzeitig mit mehreren Klienten arbeitet. Die Gruppe ist dabei meistens durch funktionsgleiche Personen aus denselben oder aus verschiedenen Organisationen zusammengesetzt. Durch die funktionsähnliche Zusammensetzung kann die Gruppe von den Erfahrungen und Perspektiven der anderen Teilnehmer lernen. „Die jeweils vorgebrachten Themen erhalten dann schnell für alle Beteiligten Prägnanz, weil die erlebten beruflichen Situationen ja immer eine gewisse Ähnlichkeit aufweisen."[34] Somit eignet sich nach SCHREYÖGG diese Arbeitsform besonders für die Rollenberatung – d.h. bei Fragestellungen rundum die berufliche Position. Dabei kann im Rahmen der Rollenberatung u.a. geklärt werden, welche Aufgaben in den Kompetenzbereich einer bestimmten Position fallen oder wie man die Handlungsspielräume einer beruflichen Rolle erweitern kann.[35]

Durch die partizipative Arbeitsweise im Gruppen-Setting sind alle Gruppenmitglieder mit ihren Ideen an der Erarbeitung der Gruppenthemen beteiligt, wodurch sie zu einem gemeinsamen Lernen beitragen. Diese Form des Coachings eignet sich jedoch weniger für die Bearbeitung individueller Themen, da die Gruppenarbeit eine geringere Offenheit im Vergleich zum Einzel-Coaching bietet.[36]

An dieser Stelle sei darauf hingewiesen, dass unter Coaching-Experten diese Beratungsvariante mit Skepsis betrachtet wird, da andere Entwicklungsmaßnahmen wie

---

[33] Vgl. Rauen, C: Varianten des Coachings im Personalentwicklungsbereich. In: Rauen, C. (Hrsg.) (2005): Handbuch Coaching. 3., überarbeitete und erweiterte Auflage. Göttingen: Hogrefe, S. 126-127
[34] Schreyögg, A. (2003): Coaching. Eine Einführung für Praxis und Ausbildung. 6., überarbeitete und erweiterte Auflage. Frankfurt: Campus Verlag, S. 217
[35] Schreyögg, A. (2003): Coaching. Eine Einführung für Praxis und Ausbildung. 6., überarbeitete und erweiterte Auflage. Frankfurt: Campus Verlag, S. 101 und S. 217
[36] Vgl. Schreyögg, A. (2003): Coaching. Eine Einführung für Praxis und Ausbildung. 6., überarbeitete und erweiterte Auflage. Frankfurt: Campus Verlag, S. 216-7

Seminare, Teamsupervision, Gruppentraining, Teamentwicklungsworkshops bereits für ähnlichen Anliegen etabliert sind.[37] Insbesondere wenn der Coach innerhalb der Gruppe keine Arbeits- und Lernatmosphäre schafft, „in der sich die einzelnen Mitglieder trauen, ihre Anliegen offen einzubringen"[38], ist nach LIPPMANN der Unterschied zu anderen Lern- und Beratungsformen im Gruppen-Setting nicht deutlich erkennbar.[39]

2.3.3 Das Team-Coaching

Das Team-Coaching stellt eine besondere Form des Gruppen-Coachings dar, wobei sich hier die Beratung auf eine dauerhaft zusammenarbeitende Gruppe richtet. Die Stärke dieser Coaching-Variante liegt darin, dass die zu bearbeitenden Themen des Teams in der konkreten Arbeitskonstellation betrachtet und abgehandelt werden können. Der Fokus dieser Teamentwicklungsmaßnahme liegt, wie auch beim Gruppen- sowie Einzel-Coaching, in der Förderung und dem Erhalt der Selbsteuerungsfähigkeit der Klienten. Die Kommunikation, Kooperation, Motivation und Effizenz innerhalb des Teams wird dabei erhöht, um dessen Leistungsfähigkeit weiter zu steigern. Neue Teams sollen damit arbeitsfähig gemacht werden und bestehende Teams Konflikte klären und neue Potenziale freisetzen können.[40]

2.3.4 Das Projekt-Coaching

Im Verhältnis zum Team-Coaching weist das Projekt-Coaching Ähnlichkeiten in der Arbeitsweise auf. Jedoch unterscheidet sich hierbei die Zielgruppe der Maßnahme. Es werden nicht dauerhaft zusammenarbeitende Teams gecoacht, sondern eine Gruppe von

---

[37] Vgl. Rauen, C: Varianten des Coachings im Personalentwicklungsbereich. In: Rauen, C. (Hrsg.) (2005): Handbuch Coaching. 3., überarbeitete und erweiterte Auflage. Göttingen: Hogrefe, S. 128
[38] Lippmann, E.: Settings. In: Lippmann, E. (Hrsg.) (2006): Coaching. Angewandte Psychologie für die Beratungspraxis. Heidelberg: Springer, S. 50
[39] Vgl. Lippmann, E.: Settings. In: Lippmann, E. (Hrsg.) (2006): Coaching. Angewandte Psychologie für die Beratungspraxis. Heidelberg: Springer, S. 50-51
[40] Vgl. Schreyögg, A. (2003): Coaching. Eine Einführung für Praxis und Ausbildung. 6., überarbeitete und erweiterte Auflage. Frankfurt: Campus Verlag, S. 217-222 & Rauen, C: Varianten des Coachings im Personalentwicklungsbereich. In: Rauen, C. (Hrsg.) (2005): Handbuch Coaching. 3., überarbeitete und erweiterte Auflage. Göttingen: Hogrefe, S. 129-131

Personen, die ausschließlich für ein bestimmtes Projekt zusammengesetzt werden.[41] Das zeitlich begrenzte Zusammenarbeiten und die häufige Zusammenstellung von Projekt-Teams mit Vertretern verschiedener funktionaler Einheiten einer Organisation stellen hierbei eine besondere Herausforderung für die Arbeit des Projekt-Coachs dar. Dabei schafft dieser in Zusammenarbeit mit der Gruppe, die notwendigen Voraussetzungen für eine effiziente Gruppenarbeit, in der zeitintensive Teambuildingprozesse beschleunigt werden, um die fachlichen Themen möglichst schnell und effektiv bearbeiten zu können.

2.4 Die Herkunft des Coachs – Coaching durch externe oder interne Berater

Im Anschluss an die Betrachtung der verschiedenen Coaching-Formen, sollen nun die Coaching-Maßnahmen entsprechend der organisationalen Herkunft des Coachs unterschieden werden: Coaching-Aktivitäten können entweder von einem organisationsexternen oder –internen Coach durchgeführt werden. Bei organisationsexternen Coachs handelt es sich vorwiegend um freiberuflich oder in Beratungsunternehmen tätige Coachs.[42] Organisationsinternes Coaching hingegen wird von Stabsmitarbeitern – oft von Personalentwicklern - oder Vorgesetzten durchgeführt.

Nach einer Studie von BÖNING setzen 74% der befragten Unternehmen, die Coaching als Personalentwicklungsmaßnahme anbieten, externe Berater ein. Des Weiteren werden in 56% der Unternehmen ‚intern Beauftragte' als Coachs eingesetzt. Diese Ergebnisse weisen darauf hin, dass ein großer Teil der Firmen sowohl interne als auch externe Berater einsetzten. Ergänzend lässt sich aus der Untersuchung herauslesen, dass Führungskräfte sehr selten für das unternehmenseigene Coaching eingesetzt werden.[43]

---

[41] Vgl. Rauen, C: Varianten des Coachings im Personalentwicklungsbereich. In: Rauen, C. (Hrsg.) (2005): Handbuch Coaching. 3., überarbeitete und erweiterte Auflage. Göttingen: Hogrefe, S. 131
[42] Vgl. Backhausen, W.; Thommen, J.-P. (2006): Coaching. Durch systemisches Denken zu innovativer Personalentwicklung. 3. Auflage. Wiesbaden: Gabler, S. 210
[43] Vgl. Böning, U.: Der Siegeszug eines Personalentwicklungs-Instruments. Eine 10-Jahres-bilanz. In: Rauen, C. (Hrsg.) (2002): Handbuch Coaching. 2., überarbeitete Auflage. Göttingen: Hogrefe, S. 36

2.4.1 Das organisationsexterne Coaching

Das organisationsexterne Coaching wird am häufigsten bei der Beratung gehobener Führungskräfte eingesetzt. Der externe Coach stellt für die Führungskraft dabei einen besonders neutralen und vertrauensvollen Interaktionspartner dar, da es auf den gehobeneren Unternehmensebenen häufig an Austauschmöglichkeiten und Ansprechpartnern zur Bearbeitung persönlich relevanter Themen mangelt. Zusätzlich kann der Coach als Außenstehender neue Perspektiven und Erfahrungen über seine Beratungstätigkeit ins Unternehmen einfließen lassen und somit neue, innovative Anschübe geben. Nach RAUEN spezialisieren sich externe Coachs in diesem Zusammenhang häufig auf spezielle Coaching-Formen und –Themen. Diese Spezialisierung kann zwar den Einsatzbereich des Coachs einschränken, „verbessert aber die Beratungsqualität bei entsprechenden Anliegen des Klienten."[44]

2.4.2 Das organisationsinterne Coaching

Das organisationsinterne Coaching ist im wesentlichen durch zwei Formen gekennzeichnet: Das Stabscoaching und das Liniencoaching. Nach JARVIS sind interne Coachs als Berater dann einzusetzen, wenn Kenntnisse über die Organisationskultur, -geschichte und –politik gefragt sind. Die Vorteile dieser organisationsinternen Coachingform sind u.a. die leichte Verfügbarkeit der internen Berater sowie die Möglichkeit, die Kosten besser unter Kontrolle zu halten.[45]

2.4.2.1 Das Stabscoaching

Das Stabscoaching als Variante des organisationsinternen Coachings wird von Stabsmitglieder angeboten, die als festangestellte Mitarbeiter des Unternehmens für Coaching zuständig sind. Dabei sind Stabscoachs häufig in der Personalabteilung

---

[44] Rauen, C: Varianten des Coachings im Personalentwicklungsbereich. In: Rauen, C. (Hrsg.) (2005): Handbuch Coaching. 3., überarbeitete und erweiterte Auflage. Göttingen: Hogrefe, S. 118
[45] Vgl. Jarvis J. (2004): Coaching and buying coaching services – a CIPD guide. London: Chartered Institute of Personnel and Development, S. 45

angesiedelt oder in einer unabhängigen Organisationseinheit. Die Verortung der Coaching-Dienstleistung in einem unabhängigen Unternehmensbereich wird von einigen Organisationen bewusst vorgenommen, um mögliche Bedenken der Mitarbeiter hinsichtlich der Vertraulichkeit der Maßnahme im Vorfeld aus dem Weg zu räumen. Gehört der Coach dem Personalstab an und ist somit auch für die Beurteilung von Mitarbeitern zuständig, so entsteht auf Seite der Klienten häufig Misstrauen hinsichtlich der Neutralität der Coaching-Maßnahme. Dies hätte zur Konsequenz, dass das beim Coaching erforderliche Vertrauen und die Offenheit der Interaktionspartner schwindet und die Maßnahme an Effektivität einbüßt. Folglich werden die thematischen Schwerpunkte beim Stabscoaching, anders als beim organisationsexternen Coaching, häufig auf fachliche Themen gelegt: „Es überwiegen fachlich orientierte Lernpartnerschaften, in denen größtenteils junge Führungskräfte – z.B. im Rahmen von Projekten – betreut und gefördert werden."[46] Hierfür besitzen interne Coachs die notwendigen Kenntnisse über die organisationalen Gegebenheiten und Herausforderungen.

Die Zielgruppen von Stabscoaching-Maßnahmen sind häufig untere und mittlere Führungskräfte. Die Beratung der oberen Führungsetagen durch einen Stabsmitarbeiter ist wegen der hierarchischen Asymmetrie der Positionen innerhalb des Unternehmens eher schwierig. „Hausinterne Personalentwickler nehmen ja als Inhaber von Stabsstellen niemals eine vergleichbar hohe Position im Unternehmen ein"[47], die sie zu gleichwertigen Ansprechpartnern für das Top-Management machen würden.

2.4.2.2 Das Liniencoaching

Beim Liniencoaching, einer weiteren Variante des organisationinternen Coachings, fungiert die Führungskraft als Coach für ihre unterstellten Mitarbeiter. Diese Art des Coachings hat, wie anfänglich schon beschrieben, ihren Ursprung in den Vereinigten Staaten – wo Coaching erstmals Einzug in den betrieblichen Kontext fand. In

---

[46] Rauen, C: Varianten des Coachings im Personalentwicklungsbereich. In: Rauen, C. (Hrsg.) (2005): Handbuch Coaching. 3., überarbeitete und erweiterte Auflage. Göttingen: Hogrefe, S. 119
[47] Schreyögg, A: Coaching. In: Nestmann, F.; Engel, F. und Sickendiek, U. (Hrsg.) (2004): Das Handbuch der Beratung. Band 2: Ansätze, Methoden und Felder. Tübingen: dgvt-Verlag, S. 952

Deutschland wird dies jedoch als sehr kontrovers angesehen und teilweise von Experten sogar abgelehnt. Die Gründe für diese Ablehnung liegen in der Natur der Beziehung zwischen dem Vorgesetzten und seinen Mitarbeitern. Dies ist dadurch begründet, dass die betriebliche Beziehung des Mitarbeiters zum Vorgesetzen in einem Abhängigkeitsverhältnis mündet, das nicht auf Freiwilligkeit beruht und somit nur eine hinreichende Offenheit ermöglicht, die die inhaltliche Ausgestaltung des Coachings beschränkt. Des Weiteren bleibt in dieser Konstellation fraglich, ob die Führungskraft die notwendigen Kompetenzen und Ressourcen für die Durchführung von Coaching-Aktivitäten besitzt. Daher sollte nach SCHREYÖGG das Liniencoaching eher als eine „besonders differenzierte Führungshaltung"[48] angesehen werden.

Die Einwände gegen diese Art des Coachings sind im englischsprachigen Raum nicht so stark ausgeprägt. In den Vereinigten Staaten stellt das Liniencoaching immer noch die gebräuchlichste Variante des Coachings im Managementbereich dar.[49] Dies bestätigt auch JARVIS mit dem Verweis auf die Studie ‚Training and Development' aus dem Jahre 2004, wobei Linien-Manager diejenigen sind, die den Hauptteil an Coaching-Aktivitäten in englischen Organisationen leisten.[50]

2.5 Die Zielsetzungen von Coaching-Maßnahmen

Nachdem die unterschiedlichen Coaching-Formen dargestellt wurden, werden im Folgenden die gängigen Zielsetzungen von Coaching-Aktivitäten kurz erläutert. Das grundlegende Ziel von Coaching-Maßnahmen ist nach SCHREYÖGG die Förderung beruflicher Selbstgestaltungspotentiale und somit die Weiterentwicklung des Selbstmanagements von Führungskräften. Demnach zielt Coaching auf eine Ressourcenaktivierung ab, die zu einer erhöhten und nachhaltigen Selbststeuerung führen soll, wobei der Klient nach Abschluss des Coaching-Prozesses neue Herausforderungen ohne Hilfestellung des Coachs bewältigen kann. Dies gilt sowohl für

---

[48] Schreyögg, A. (2003): Coaching: Eine Einführung in die Praxis und Ausbildung. 6., überarbeitete und erweiterte Auflage. Frankfurt: Campus Verlag, S. 207
[49] Vgl. Rauen, C: Varianten des Coachings im Personalentwicklungsbereich. In: Rauen, C. (Hrsg.) (2005): Handbuch Coaching. 3., überarbeitete und erweiterte Auflage. Göttingen: Hogrefe, S. 120
[50] Vgl. Jarvis J. (2004): Coaching and buying coaching services – a CIPD guide. London: Chartered Institute of Personnel and Development, S. 11-2 & Chartered Institute of Personnel and Development (2004): Training and Development. London: Chartered Institute of Personnel and Development

Führungskräfte als auch für Coaching-Klienten ohne Führungsfunktion. Nach SCHREYÖGG bezweckt Coaching somit die Förderung aller wesentlichen (Selbst-) Managementkompetenzen, wobei die Personal- und Führungsaufgaben von Führungskräften im Coaching thematische Schwerpunkte bilden.[51] Des Weiteren verfolgt das Manager-Coaching „immer Ziele von Effizienzerhöhung, das heißt, Führungskräfte sollen unterstützt werden, alle ihre Aufgaben möglichst zielgerecht und mit möglichst sparsamem Ressourcenaufwand wahrzunehmen."[52]

Coaching wird häufig dann in Anspruch genommen, um fehlenden Gesprächsmöglichkeiten und Rückmeldungen im beruflichen Umfeld entgegenzuwirken. Dieses Fehlen von Rückmeldungen ist ein geläufiges Phänomen in Managementetagen, wo aufgrund von Machtgefügen und politischen Interessenkonflikten dies häufig ausbleibt. In der Coaching-Beziehung hingegen bereichert der Coach als Außenstehender die Perspektiven des Gecoachten, indem er seinen Klienten verschiedene Anregungen und Optionen für die besprochenen Ziele und Themen anbietet. Außerdem können, so LOOSS und RAUEN, neutrale Reflektionsangebote des Coachs Wahrnehmungsverzerrungen, unangemessene Verhaltensweisen und dysfunktionale Werte aufdecken und besprochen werden.[53] Dementsprechend wird der Klient durch die Interaktion mit dem Coach befähigt, selbst die Lösungen für vereinbarte Zielsetzungen zu erarbeiten, wobei die Grundlage für die gemeinsame Arbeit die Themen des Klienten sind. Coaching wird somit zum „Instrument, mit dem persönliches Verhalten und Einstellung wirksam beeinflusst und nachhaltig geändert werden können."[54]

---

[51] Vgl. Schreyögg, A: Coaching. In: Nestmann, F.; Engel, F. und Sickendiek, U. (Hrsg.) (2004): Das Handbuch der Beratung. Band 2: Ansätze, Methoden und Felder. Tübingen: dgvt-Verlag, S. 950-1
[52] Schreyögg, A: Coaching. In: Nestmann, F.; Engel, F. und Sickendiek, U. (Hrsg.) (2004): Das Handbuch der Beratung. Band 2: Ansätze, Methoden und Felder. Tübingen: dgvt-Verlag, S. 951, im Original das Wort „Effizienzerhöhung" hervorgehoben.
[53] Vgl. Looss, W.; Rauen, C: Einzel-Coaching – Das Konzept einer komplexen Beratungsbeziehung. In: Rauen, C. (Hrsg.) (2005): Handbuch Coaching. 3., überarbeitete und erweiterte Auflage. Göttingen: Hogrefe, S. 169
[54] Böning, U.: Coaching: Der Siegeszug eines Personalentwicklungs-Instruments – Eine 15-Jahres-Bilanz. In: Rauen, C. (Hrsg.) (2005): Handbuch Coaching. 3., überarbeitete und erweiterte Auflage. Göttingen: Hogrefe, S. 23

2.6 Die Anlässe zur Aufnahme von Coaching-Aktivitäten

Im Anschluss an die oben beschriebenen Zielsetzungen von Coaching-Maßnahmen lassen sich die Anlässe für die Aufnahme eines Coaching-Prozesses nach BACKHAUSEN und THOMMEN in drei Kategorien differenzieren: Erstens, Themen auf der individuellen Ebene; zweitens, Themen auf der Gruppenebene; drittens, Angelegenheiten auf der Organisationsebene.[55]

Auf der individuellen Ebene sind nach SCHREYÖGG häufig die Beweggründe ein (Einzel-)Coaching aufzunehmen, individuelle Krisen im Beruf oder die „Suche nach [individueller] Verbesserung"[56]- damit ist die Weiterentwicklung einer Person bzw. deren Selbstverwirklichung gemeint. Gemäß ULICH handelt es sich bei Krisen um „eine Bedrohung, eine Herausforderung, eine Belastung für die Aufmerksamkeit, eine Aufforderung zu neuen Handlungen."[57] Individuelle Krisen lassen sich durch Situationen wie neue Herausforderungen, durch einen Positions- oder Arbeitsplatzwechsel sowie durch Konflikt- und Stresserfahrungen kennzeichnen. Wünsche wie die Erweiterung von Managementkompetenzen, die Laufbahnberatung und Rollenklärung sowie der Aufbau bzw. die Verbesserung persönlicher Bewältigungsstrategien hinsichtlich beruflicher Anforderungen und Belastungen bilden häufig die Anlässe für die Aufnahme von Coaching-Prozessen im Rahmen der Suche nach individueller Verbesserung.[58]

Die Veranlassung von Coaching-Maßnahmen auf Gruppen- und Organisationsebene hat vielfach kollektive Krisenerscheinungen in Organisationseinheiten oder im gesamten organisationalen Gefüge zum Ursprung. Nach SCHREYÖGG liegen dabei die Ursachen für kollektive Krisen vorrangig in den „ökonomischen Problemen eines Systems, in formalen Umstrukturierungen, in organisationskulturellen Wandlungsprozessen, in der

---

[55] Vgl. Backhausen, W.; Thommen, J.-P. (2006): Coaching. Durch systemisches Denken zu innovativer Personalentwicklung. 3. Auflage. Wiesbaden: Gabler, S. 214
[56] Schreyögg, A. (2003): Coaching. Eine Einführung für Praxis und Ausbildung. 6., überarbeitete und erweiterte Auflage. Frankfurt: Campus Verlag, S. 97, Zusatz vom Verfasser
[57] Ulich, D. (1987): Krise und Entwicklung. Zur Psychologie der seelischen Gesundheit. München, Weinheim: Psychologie Verlags Union, S. 6
[58] Schreyögg, A. (2003): Coaching. Eine Einführung für Praxis und Ausbildung. 6., überarbeitete und erweiterte Auflage. Frankfurt: Campus Verlag, S. 97

Fusion von zwei Systemen oder gar in politischen Wandlungsprozessen."[59] Dabei können ebenso die wachsenden Anforderungen an Verbesserungsfähigkeiten von Gruppen und Organisationen den Ausgangspunkt eines Coaching-Prozesses bilden. In diesem Zusammenhang wird Coaching des öfteren als Personalentwicklungsinstrument zur Förderung von Innovation und kontinuierlicher Verbesserung der Organisation eingesetzt, wobei Coaching hier vielfältige Unterstützungsfunktionen übernehmen kann, von der Begleitung eines Teamentwicklungsprozesses bis hin zur Einführung neuer Führungskonzepte bei strukturellen Veränderungen im Unternehmen.[60]

Hinsichtlich der Anlässe zur Aufnahme von Coaching-Aktivitäten sind die Ergebnisse einer im Jahr 2004 durchgeführten Studie von BÖNING und FRITSCHLE aufschlussreich, bei der Unternehmensvertreter und Coachs befragt wurden. Nach dieser Untersuchung scheint es Abweichungen in der Sichtweise der beiden Befragtengruppen in Bezug auf die häufigsten Anlässe von Coaching-Aktivitäten zu geben. Gemäß den Untersuchungsergebnissen sehen 46% der Personalmanager organisationale Veränderungsprozesse als wesentlichen Grund für Coaching-Maßnahmen an, während für Coachs die ‚Bearbeitung persönlicher / beruflicher Probleme' mit 52% den häufigsten Anlass für ein Coaching bildet. Nach BÖNING lässt sich daraus schließen, dass Coachs die angebotene Coaching-Dienstleistung eher aus einem individualistischen Blickwinkel betrachten, während bei Personalmanagern die Unternehmensperspektive im Vordergrund steht.[61]

---

[59] Schreyögg, A. (2003): Coaching. Eine Einführung für Praxis und Ausbildung. 6., überarbeitete und erweiterte Auflage. Frankfurt: Campus Verlag, S. 92
[60] Vgl. Schreyögg, A. (2003): Coaching. Eine Einführung für Praxis und Ausbildung. 6., überarbeitete und erweiterte Auflage. Frankfurt: Campus Verlag, S.76-106
[61] Vgl. Böning, U.: Coaching: Der Siegeszug eines Personalentwicklungs-Instruments – Eine 15-Jahres-Bilanz. In: Rauen, C. (Hrsg.) (2005): Handbuch Coaching. 3., überarbeitete und erweiterte Auflage. Göttingen: Hogrefe, S. 39

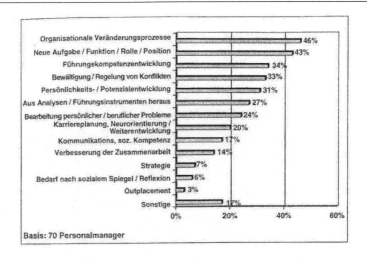

Abb. 2: Was sind aus Ihrer Erfahrung die 5 häufigsten Anlässe für Coaching?[62]

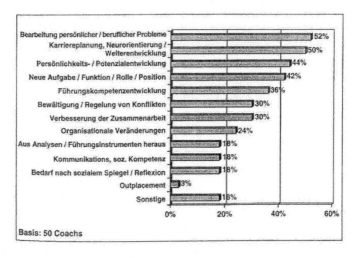

Abb. 3: Was sind aus Ihrer Erfahrung die 5 häufigsten Anlässe für Coaching?[63]

---

[62] Böning, U.: Coaching: Der Siegeszug eines Personalentwicklungs-Instruments – Eine 15-Jahres-Bilanz. In: Rauen, C. (Hrsg.) (2005): Handbuch Coaching. 3., überarbeitete und erweiterte Auflage. Göttingen: Hogrefe, S. 41

Nach dieser kürzen Einführung in das Thema Coaching, soll im nächsten Kapitel die Implementierung von Coaching-Maßnahmen im Unternehmen betrachten werden.

---

[63] Böning, U.: Coaching: Der Siegeszug eines Personalentwicklungs-Instruments – Eine 15-Jahres-Bilanz. In: Rauen, C. (Hrsg.) (2005): Handbuch Coaching. 3., überarbeitete und erweiterte Auflage. Göttingen: Hogrefe, S. 41

3 Die zehn Erfolgsfaktoren bei der Implementierung von Coaching im Unternehmen

Im folgenden Abschnitt wird die Einführung von Coaching-Aktivitäten als unternehmensinterne Dienstleistung erörtert. An dieser Stelle sei vorab darauf hingewiesen, dass die Implementierung von Coaching in den meisten Firmen derzeit noch eher unsystematisch geschieht und einheitliche Vorgehensmodelle zur Einführung dieser Dienstleistung, allgemeingültige Qualitätsstandards und ein professionelles Erfahrungswissen im Umgang mit Coaching häufig nicht existieren. Auch die Wissenschaft lieferte bislang keine eingängigen Erkenntnisse, die Unternehmen bei der Institutionalisierung von Coaching und der Vermeidung von möglichen Einführungs- und Umsetzungsfehlern unterstützen könnten.

Eine systematische Hilfestellung zur Einführung von Coaching-Programmen in Unternehmen anzubieten, ist jedoch zugleich mit der Herausforderung verknüpft, dass jede Organisation andere Bedürfnisse, Ziele und Anforderungen an Coaching-Aktivitäten stellt, die bei der Implementierung berücksichtigt werden müssen. In diesem Zusammenhang bieten die Handlungsempfehlungen der Studie ‚coaching research project' von BRESSER, die mit der Unterstützung der East London Business School und der Rheinischen Fachhochschule Köln das Thema ‚Implementierung von Coaching' erforschte, einen Versuch, diese Lücke zu schließen. Das Ziel der Untersuchung war es, herauszufinden, wie erfolgreiche Coaching-Programme in Unternehmen eingeführt werden und diese Erkenntnisse für die Entwicklung eines Vorgehensmodells zur Implementierung von Coaching-Aktivitäten in Unternehmen nutzbar zu machen. Als Ergebnis dieser Studie steht Coaching-Verantwortlichen in Unternehmen nun ein Leitfaden zur Verfügung, der zehn Faktoren beschreibt, die eine erfolgreiche Einführung und Umsetzung von Coaching im Unternehmen ermöglichen.[64]

Der erste Erfolgsfaktor ist die *Entwicklung eines unternehmenseigenen Coaching-Verständnisses*. Bei den Vorüberlegungen zur Einführung von Coaching sollte zunächst eine Einigkeit über das Verständnis von Coaching im Unternehmen geschaffen werden.

---

[64] Vgl. Bresser, F.: Coaching erfolgreich implementieren. In: managerSeminare, 96, 2006, S.66-73

Dies beinhaltet eine klare Definition des Coaching-Ansatzes, dessen Zielsetzung und Einsatzgebiet im Unternehmen sowie die Abgrenzung zu anderen Interventionen, die bereits angeboten werden.[65] Dies soll Unklarheiten, die eine fehlende Definition von Coaching ausmachen können, vermeiden und die speziellen Bedürfnisse des Unternehmens im Hinblick auf Coaching-Aktivitäten abbilden.

Ein unternehmenseigenes Coaching-Verständnis bildet demnach die Grundlage für die Planung und konkrete Vorbereitung von Coaching-Maßnahmen. Den zweiten Erfolgsfaktor bezeichnet BRESSER demnach als *Verfolgung eines systematischen Ansatzes*. Dieser umfasst den Entwurf eines Coaching-Konzepts, das „die verschiedenen Phasen der Implementierung, alle Ziele und Verantwortlichkeiten, die Verknüpfungen mit anderen Business-Maßnahmen sowie sämtliche Regeln, die gelten sollen, klar formuliert."[66] Dies bestätigt auch WREDE. Nach ihr sollten die für die Coaching-Aktivitäten verantwortlichen Mitarbeiter sich zunächst auf die gemeinsamen Zielsetzungen und Umsetzungsfelder der Coaching-Aktivitäten verständigen, um dann in Zusammenarbeit mit einem Coach, ein an die Bedürfnisse des Unternehmens angepasstes Coaching-Konzept zu entwickeln.[67] Nach OFFERMANNS und STEINHÜBEL bietet auch die Durchführung von Round-Table-Gesprächen mit Linienvorgesetzten und -mitarbeitern, welche die Zielgruppe des einzuführenden Coaching-Programms darstellen, eine Gelegenheit, das Coaching-Konzept auf seine Realisierbarkeit hin zu überprüfen. In einer solchen Runde besteht die Möglichkeit, eventuelle Änderungswünsche und Verbesserungsvorschläge seitens der internen Kunden zu berücksichtigen und in das zu implementierende Coaching-Programm einfließen zu lassen.[68]

---

[65] Zur Abgrenzung von Coaching zu verwandten Konzepten: Vgl. Lippmann, E.: Grundlagen. In: Lippmann, E. (Hrsg.) (2006): Coaching. Angewandte Psychologie für die Beratungspraxis. Heidelberg: Springer, S. 28-35 & Jarvis J. (2004): Coaching and buying coaching services – a CIPD guide. London: Chartered Institute of Personnel and Development, S. 19-22
[66] Bresser, F.: Coaching erfolgreich implementieren. In: managerSeminare, 96, 2006, S. 68
[67] Vgl. Wrede, B.A.: So finden Sie den richtigen Coach. In: Rauen, C. (Hrsg.) (2005): Handbuch Coaching. 3., überarbeitete und erweiterte Auflage. Göttingen: Hogrefe, S. 314
[68] Vgl. Offermanns, M.; Steinhübel, A. (2006): Coachingwissen für Personalverantwortliche. Frankfurt/New York: Campus Verlag, S. 101

Der dritte Erfolgsfaktor zur erfolgreichen Einführung von Coaching stellt nach BRESSER die *Wahl des angemessenen Grades der Unternehmensdurchdringung durch Coaching* dar. Dabei rangiert die Bandbreite von Coaching-Angeboten von sporadischen Coaching-Aktivitäten bis hin zur Verankerung einer Coaching-Kultur in den Unternehmensgrundsätzen. Gemäß BRESSER geht es in dieser Phase der Einführungsplanung darum, zu prüfen, welches Coaching-Programm entsprechend den strukturellen und kulturellen Voraussetzungen des Unternehmens am besten für die eigene Organisation geeignet ist. Laut dem Autor werden bei dieser Betrachtung Kriterien wie Coaching-Formen, Qualifikation und Herkunft des Coachs usw. in Einklang mit den Zielsetzungen des Unternehmens gebracht.

Das vierte Erfolgskriterium stellt die *Einbindung des Top-Managements* bei der Verankerung des Coaching-Programms dar. Hier geht es um die Gewinnung der Unternehmensspitze für das Vorhaben sowie um die Sicherstellung der organisationalen Unterstützung, als auch der nötigen Ressourcen zur Implementierung und Bereitstellung des Programms. Dabei bringt ein Top-Down-Ansatz bei der Einführung des Coaching-Programms folgende Vorteile mit sich: Erstens, durchläuft die oberste Führungsetage zuerst die Coaching-Maßnahmen, so dass dies zu einem positiven Image und folglich zur schnelleren Akzeptanz von Coaching beitragen kann. Demnach wäre Coaching als Teil einer Lernkultur zu verstehen und nicht als eine rein vom Personalbereich geförderte Aktivität, bei der es primär um die Beseitigung von Leistungsdefiziten geht. „Die Glaubwürdigkeit, dass Coaching eine potenzialfördernde und positiv besetzte Personalentwicklungsmaßnahme ist, kann dadurch erhöht werden, dass sich auch die Geschäftsführung coachen lässt und offen damit umgeht."[69] Zweitens, kann ein Top-Down-Vorgehen u.a. auch den Vorteil bieten, wie am Beispiel der Schweizerischen Post deutlich wird, dass wenn die Unternehmensspitze eigene Erfahrungen mit Coaching-Maßnahmen sammelt, sich eine Wertschätzung dieser

---

[69] Offermanns, M.; Steinhübel, A. (2006): Coachingwissen für Personalverantwortliche. Frankfurt/New York: Campus Verlag, S. 104

Aktivitäten einstellt und somit eine Übertragungsleistung dieser Maßnahmen auf die gesamte Belegschaft stattfindet.[70]

Diese Ausführungen leiten zum fünften Erfolgsfaktor, der *Schaffung eines positiven Images von Coaching* über. Laut der Studie ‚coaching research project' kann neben einem Top-Down-Ansatz, wie eben dargestellt, auch eine gezielte und effektive Kommunikation, welche die positiven Attribute von Coaching hervorhebt zur Verbreitung und Verankerung von Coaching im Unternehmen führen. Bei der inhaltlichen Konzeption von Kommunikationsmaßnahmen sollte dabei besonders darauf Wert gelegt werden, dass die Beratungsform Coaching als wertschätzende und fördernde Maßnahme vermittelt wird. Das Intranet, Broschüren, Mitarbeiterportale usw. können hierbei als Kommunikationsplattformen zu diesem Zweck dienen.

Der sechste Erfolgsfaktor stellt nach BRESSER die *Gewährleistung von Win-win-Situationen für alle Beteiligten* dar. Damit ist gemeint, dass alle Beteiligten am Coaching-Programm, der Klient sowie das Unternehmen, zugleich von diesem profitieren können und ein vertrauensgeprägter Raum der Zusammenarbeit entsteht. Eine Coaching-Maßnahme sollte sowohl den Klienten im Rahmen seiner persönlichen Entwicklung begünstigen, als auch im Dienste des Unternehmens stehen.[71] Ferner gilt es, jegliche Interessenskonflikte zwischen den im Coaching-Prozess involvierten Parteien bereits im Vorfeld auszuschließen. Ergänzend sollten Regelungen getroffen werden, wie man mit möglichen Konfliktfeldern und eventuellen negativen Begleiterscheinungen eines Coaching-Prozesses umgeht. Ein Beispiel hierfür wäre, dass ein Klient (bzw. ein Mitarbeiter) im Rahmen einer Coaching-Maßnahme beginnt, sein Arbeitsverhältnis grundlegend in Frage zustellen.

Der siebte Erfolgsfaktor verkörpert die *optimale Passung von Coaching-Maßnahme und der Unternehmensstrategie*. In diesem Zusammenhang sollte die Coaching-Initiative an

---

[70] Vgl. Bürgin Brand, S.: Die Schweizerische Post – Coaching zur Unterstützung von Veränderungsprozessen. In: Backhausen, W.; J.-P., Thommen (2006): Coaching. Durch systemisches Denken zu innovativer Personalentwicklung. 3. Auflage. Wiesbaden: Gabler, S. 281
[71] Vgl. Bresser, F.: Coaching erfolgreich implementieren. In: managerSeminare, 96, 2006, S. 70-71

der Unternehmensstrategie ausgerichtet und in die Geschäftsaktivitäten des Unternehmens entsprechend integriert werden. Dies bestätigen auch BACKHAUSEN und THOMMEN. Nach ihnen muss sich eine Institutionalisierung von Coaching-Programmen ebenfalls immer an der Strategie, Struktur und Kultur einer Organisation orientieren. Im Rahmen der strategischen Betrachtung gilt es hierbei zu prüfen, welche „personalstrategischen Ziele mit einem Coaching verfolgt werden sollen."[72] Bei den strukturellen Voraussetzungen entscheidet sich dann, wo Coaching in der Organisation angesiedelt und wie dieses im Unternehmen als wertschöpfender Prozess entsprechend umgesetzt wird. Abschließend muss den Autoren nach geklärt werden, ob ein Coaching-Programm auch den kulturellen Voraussetzungen des Unternehmens gerecht wird.[73] Diese sind relevant für die Akzeptanz des Coachings im Unternehmen. Ist eine Firma primär durch eine ‚Misstrauenskultur' geprägt, so ist es unwahrscheinlich, dass Coaching, als ein auf gegenseitigem Vertrauen basierender Ansatz, nachhaltigen Erfolg hat und als Konzept von der Belegschaft angenommen wird.

Die *Sicherstellung einer lückenlosen Transparenz des Coaching-Konzeptes* stellt den achten Erfolgsfaktor dar. Dies bedingt, dass alle Mitarbeiter umfassende Informationen über das Coaching-Konzept und -Programm erhalten, dieses verstehen und es letztendlich als mitarbeiterfördernde Maßnahme annehmen. Ist die Belegschaft über das Coaching-Angebot ausreichend informiert, so kann diese durch Anregungen und Vorschläge zur kontinuierlichen Verbesserung des Coaching-Konzepts beitragen und damit die Transparenz weiter fördern.

Eine *effektive und umsichtige Evaluierung der Coaching-Maßnahmen* verkörpert den neunten Erfolgsfaktor. Gemäß des Implementierungs-Leitfadens von BRESSER ist die konsequente und fortdauernde Evaluation von Coaching-Prozessen unabdingbar, um eine Verbesserung bzw. Optimierung des Coaching-Angebots zu gewährleisten. Der Nutzen von Coaching ist allerdings, so der Autor, nur schwer messbar und die

---

[72] Backhausen, W.; Thommen, J.-P. (2006): Coaching. Durch systemisches Denken zu innovativer Personalentwicklung. 3. Auflage. Wiesbaden: Gabler, S. 235
[73] Vgl. Backhausen, W.; J.-P., Thommen (2006): Coaching. Durch systemisches Denken zu innovativer Personalentwicklung. 3. Auflage. Wiesbaden: Gabler, S. 234-240

Wirksamkeitsforschung dieser Intervention befindet sich noch in den Anfängen. BACKHAUSEN und THOMMEN schlagen aus diesem Grunde eine Messung der Struktur-, Prozess- und Ergebnisqualität der Coaching-Leistung vor. Somit betrachtet man „nicht nur das Ergebnis des Coachingsprozesses, sondern gleichzeitig auch, wie dieses Ergebnis zustande kommt."[74] Nach BRESSER und STEINER gilt es bei der Evaluierung zusätzlich zu beachten, dass die Wahl der Evaluierungsmethoden dem Grad der vereinbarten Vertraulichkeit entspricht, die für Coaching-Maßnahmen im Unternehmen verabschiedet wurden.[75]

Der letzte Erfolgsfaktor ist *die Gewährleistung einer hohen Qualität und Integrität der Coachingaktivitäten auf alle Ebenen des Unternehmens*. Der Qualitätsanspruch kann dabei sowohl über die professionelle Ausarbeitung des Coaching-Konzepts sichergestellt werden, als auch dadurch, dass bei der Umsetzung der Coaching-Maßnahmen alle Beteiligten über ausreichende Qualifikationen und Kompetenzen verfügen. Die Einhaltung der mit den Coaching-Aktivitäten einhergehenden notwendigen Integrität, wird dadurch garantiert, dass sich alle Beteiligten an die zuvor gemeinsam verabschiedeten Vereinbarungen und Regeln für den Coaching-Prozess halten und den damit festgelegten Vertraulichkeitsgrad respektieren. Neben der auf Freiwilligkeit beruhenden Teilnahme an einem Coaching-Programm sollten außerdem die Ziele des Coaching-Prozesses jederzeit für alle Beteiligten transparent sein, d.h. es „dürfen keine verdeckten Verträge bestehen."[76]

---

[74] Backhausen, W.; Thommen, J.-P. (2006): Coaching. Durch systemisches Denken zu innovativer Personalentwicklung. 3. Auflage. Wiesbaden: Gabler, S. 233
[75] Vgl. Bresser, F.: Coaching erfolgreich implementieren. In: managerSeminare, 96, 2006, S. 72 & Steiner, A.: Coaching per Wertmarke. In: managerSeminare, 77, 2004, S. 68
[76] Bresser, F.: Coaching erfolgreich implementieren. In: managerSeminare, 96, 2006, S. 73

Abb. 4: Die zehn wichtigsten Erfolgsfaktoren zur Implementierung von Coaching[77]

---

[77] Bresser, F.: Coaching erfolgreich implementieren. In: managerSeminare, 96, 2006, S. 69

4 Die zentrale Steuerung von Coaching-Aktivitäten im Unternehmen

Nachdem die zentralen Erfolgsfaktoren zur Einführung von Coaching behandelt wurden, soll nun das Augenmerk auf die Bedeutung einer zentralen Steuerung der Coaching-Aktivitäten im Unternehmen gerichtet werden. Es empfiehlt sich laut WALTHER, diese durch die firmeneigene Personalabteilung oder durch eine unabhängige organisationale Einheit zu steuern, um klare Verantwortlichkeiten und die notwendige Transparenz hinsichtlich der Coaching-Aktivitäten zu sichern. Die aktuelle, gängige Praxis ist, so WALTHER, jedoch häufig anders. Fachabteilungen beauftragen vereinzelt Coachs, ohne die notwendigen Kompetenzen des Beraters entsprechend zu prüfen.[78] Werden Coaching-Aktivitäten nicht durch eine zentrale Abteilung koordiniert, läuft das Unternehmen des Weiteren Gefahr, kein ganzheitliches Coaching-Konzept, das mit den Unternehmenszielen und Personalentwicklungsstrategien verknüpft ist, herstellen zu können.[79]

Obwohl noch viele Unternehmen eher unsystematisch mit der Umsetzung ihres Coaching-Bedarfs umgehen, verbreitet sich nach LOOSS und RAUEN ein Ansatz, bei dem die Personal- bzw. Personalentwicklungsabteilung die Rolle als Vermittler zwischen Mitarbeiter und Coach übernimmt.[80] Dies bestätigt auch JARVIS und befürwortet dieses Vorgehen, da Angestellte des Personalbereichs über die Kompetenzen verfügen, die ein erfolgreiches Management von Coaching(-Beziehungen) ermöglichen können. Durch ihre Erfahrungen im Bereich der Personalauswahl, der Vertragsschließung, der Steuerung effizienter Personalmesssysteme und der Supervision von übergeordneten Projekten, können Personalmitarbeiter ihre Kompetenzen leicht auf das Themenfeld Coaching übertragen und die Steuerungsfunktion der gesamten Aktivitäten übernehmen. Dabei sollten die Verantwortlichen für Coaching-Programme, so JARVIS, über ein solides Wissen über Coaching verfügen oder sich ein solches aneignen, um fundierte

---

[78] Vgl. Walther, P.: Coaching-Pools. Beratereinsatz mit System. In: managerSeminare, 99, 2006, S. 60-69.
[79] Vgl. Jarvis J. (2004): Coaching and buying coaching services – a CIPD guide. London: Chartered Institute of Personnel and Development, S. 28
[80] Vgl. Looss, W.; Rauen, C: Einzel-Coaching – Das Konzept einer komplexen Beratungsbeziehung. In: Rauen, C. (Hrsg.) (2005): Handbuch Coaching. 3., überarbeitete und erweiterte Auflage. Göttingen: Hogrefe, S. 166

Entscheidungen bei der Koordination solcher Programme treffen zu können.[81] Dies bestätigt sich dadurch, dass Personalmitarbeiter vermehrt an Coaching-Ausbildungen teilnehmen. Dabei steht jedoch meistens nicht die Intention selbst als Coach tätig zu werden im Vordergrund, sondern vielmehr die Absicht, Wissen über Coaching zu erwerben, und den Umgang mit Coaching im Unternehmen darüber konsequent zu professionalisieren.[82]

4.1 Die Bildung eines Coach-Pools im Unternehmen

Eine Möglichkeit der Steuerung von Coaching-Aktivitäten ist die Bildung eines zentralen Coach-Pools, in den ausgewählte Coachs zusammengeführt werden und damit für das gesamte Unternehmen zur Verfügung stehen. Die Etablierung eines Pools ermöglicht zusätzlich, dass die im Unternehmen eingesetzten Coachs zuvor entsprechend auf die festgelegten Anforderungskriterien des Unternehmens an einen Coach geprüft werden. Eine Festlegung von unternehmensspezifischen Anforderungen bzw. Qualitätskriterien ist hinsichtlich der Undurchschaubarkeit des Coaching-Markts, wie bereits im vorherigen Kapitel angesprochen wurde, unabdingbar.

Bei der Implementierung eines Coach-Pools empfehlen neben den Autoren OFFERMANNS und STEINHÜBEL auch SKIFFINGTON und ZEUS, eine gemischte Zusammensetzung des Pools hinsichtlich der fachlichen und persönlichen Kompetenzen von Coachs.[83] Ein Portfolio an unterschiedlichen Coach-Kompetenzen ist wichtig, um das Matching, das Zusammenbringen zwischen Berater und zu coachenden Mitarbeiter, erfolgreich zu gestalten. OFFERMANNS und STEINHÜBEL befürworten einen „Mix von Coaches, die sich bezüglich Geschlecht, Alter, Coachingthemen, persönlichem Auftreten und Erfahrungshintergrund unterscheiden."[84] Eine Anreicherung des Coach-Pools mit unterschiedlichen Coach-Profilen ermöglicht des Weiteren, dass man den

---

[81] Vgl. Jarvis J. (2004): Coaching and buying coaching services – a CIPD guide. London: Chartered Institute of Personnel and Development, S. 28
[82] Vgl. Walther, P.: Coaching-Pools. Beratereinsatz mit System. In: managerSemınare, 99, 2006, S.60-69. Die Aussage stammt aus dem Text, jedoch ist genaue Seitenzahl nicht erkennbar.
[83] Vgl. Skiffington, S; Zeus, P. (2006): The Complete Guide to Coaching at Work, North Ryde: McGraw-Hill Book Company Australia Pty Limited, S. 89 & Offermanns, M.; Steinhübel, A. (2006): Coachingwissen für Personalverantwortliche. Frankfurt/New York: Campus Verlag, S. 84
[84] Offermanns, M.; Steinhübel, A. (2006): Coachingwissen für Personalverantwortliche. Frankfurt/New York: Campus Verlag, S. 84

vielseitigen Anforderungen und Wünschen des Klienten für ein Klient-Coach-Matching hinreichend gerecht werden kann. Coaching ist nach LOOSS und RAUEN „als Beratungsbeziehung von der Chemie zwischen Coach und Klient abhängig"[85], wobei neben den fachlichen Komponenten ebenso die persönlichen Eigenschaften zur Bildung einer vertrauensvollen Beziehung zwischen Coach und Klient beitragen und damit zum Erfolg des Coaching-Prozesses.

Die Beschränkung auf eine eher geringe Anzahl von Coachs für die gesamte Organisation ist nach LOOSS und RAUEN nicht anzuraten. Wäre dies der Fall, so besteht die Gefahr, dass die wenigen Coachs ihre Neutralität und Unabhängigkeit verlieren, in dem sie faktisch zu einem Teil der Organisation werden.[86] Es könnte somit auch nicht verhindert werden, dass eng zusammenarbeitende Personen von demselben Coach beraten werden, was interne Interessenskonflikte zur Folge haben könnte, so OFFERMANNS und STEINHÜBEL.[87]

Beim Aufbau eines Coach-Pools empfiehlt es sich, so WALTHER, Coach-Profile anzulegen und diese in einer Datenbank entsprechend zu systematisieren.[88] Dieses Vorgehen unterstützt die Coaching-Verantwortlichen beim Matching der Coaching-Paare (Klient und Coach) und ermöglicht im Vorfeld eine Vorauswahl des Beraters durch den zu coachen Mitarbeiter.

Helsana, eine führende schweizerische Krankenkasse, forderte in diesem Zusammenhang ihre Coachs auf, ein Porträt mit Angaben zur Person, zum Coaching-Angebot, zur beruflichen Entwicklung und Qualifizierung, zu den Schwerpunkten in der Beratung sowie zur Art der Zusammenarbeit in der Beratungsbeziehung zu erstellen.[89]

Hat das Unternehmen eine Coachdatenbank im Einsatz, so ist es sinnvoll, ebenfalls die Evaluation der Coaching-Prozesse über diese abzuwickeln und die Feedbacks der

---

[85] Looss, W.; Rauen, C: Einzel-Coaching – Das Konzept einer komplexen Beratungsbeziehung. In: Rauen, C. (Hrsg.) (2005): Handbuch Coaching. 3., überarbeitete und erweiterte Auflage. Göttingen: Hogrefe, S. 179, im Original das Wort „Chemie" hervorgehoben.
[86] Vgl. Looss, W.; Rauen, C: Einzel-Coaching – Das Konzept einer komplexen Beratungsbeziehung. In: Rauen, C. (Hrsg.) (2005): Handbuch Coaching. 3., überarbeitete und erweiterte Auflage. Göttingen: Hogrefe, S. 179
[87] Vgl. Offermanns, M.; Steinhübel, A. (2006): Coachingwissen für Personalverantwortliche. Frankfurt/New York: Campus Verlag, S. 83
[88] Vgl. Walther, P.: Coaching-Pools. Beratereinsatz mit System. In: managerSeminare, 99, 2006, S.60-69. Die Aussage stammt aus dem Text, jedoch ist genaue Seitenzahl nicht erkennbar.
[89] Vgl. Dall'Osto, C; Viehweg Schmid, S.: Coaching bei Helsana – ein Angebot für Führungskräfte. In: Backhausen, W.; Thommen, J.-P. (2006): Coaching. Durch systemisches Denken zu innovativer Personalentwicklung. 3. Auflage. Wiesbaden: Gabler, S. 319

Klienten zum Beratungsprozess in der Datenbank zu erfassen. Diese Feedbacks können Informationen enthalten, die zusätzliche Auskunft über die spezifische Beratungspraxis des Coachs geben und demnach bei künftigen Matching-Entscheidungen hilfreich sein könnten.[90]

Neben dieser Evaluation und der somit regelmäßigen Aktualisierung der Coach-Datenbank, bedarf es ebenfalls einer intensiven Kontaktpflege zu den Coachs selber. Schließlich steht hinter der Implementierung eines Coaching-Pools, „das Ziel, eine langfristige Beziehung zu den einzelnen Beratern aufzubauen und sie enger an das Unternehmen zu binden."[91] Dabei erhält der Coach durch regelmäßige Kontakte zur Organisation tiefere Einblicke in die organisationalen Zusammenhänge sowie in die unternehmensspezifischen aktuellen Themen, die ihn bei der Ausrichtung der Wertigkeit seiner Beratungsleistung für das Unternehmen in erheblichem Maße unterstützen können.

Neben dieser intensiven Beziehungspflege zu Coachs, empfehlen DALL'OSTO und VIEHWEG SCHMID, eine einführende Veranstaltung für Coachs durchzuführen, bei der die Berater das Unternehmen, dessen Geschäftsfelder sowie die aktuellen Themen und Herausforderungen kennenlernen können und mit diesen vertraut gemacht werden.[92] Darüber hinaus sollten regelmäßige Treffen stattfinden, bei denen Berater und Unternehmensvertreter sich über die Zusammenarbeit austauschen können. Berater können hier über organisationalen Veränderungen und aktuelle Themen informiert werden, während Unternehmensvertreter wertvolle Verbesserungshinweise in Bezug auf ihr Coaching-Angebot und die gesamte Organisation erhalten können. Nach LOOSS und RAUEN erlauben solche Treffen, die Formulierung personalpolitischer „Konsequenzen für die Organisation [...], die als Quintessenz aus vielen einzelnen Beratungssitzungen sichtbar geworden sind."[93]

---

[90] Vgl. Jarvis J. (2004): Coaching and buying coaching services – a CIPD guide. London: Chartered Institute of Personnel and Development, S. 67
[91] Walther, P.: Coaching-Pools. Beratereinsatz mit System. In: managerSeminare, 99, 2006, S.66
[92] Vgl. Dall'Osto, C; Viehweg Schmid, S.: Coaching bei Helsana – ein Angebot für Führungskräfte. In: Backhausen, W.; Thommen, J.-P. (2006): Coaching. Durch systemisches Denken zu innovativer Personalentwicklung. 3. Auflage. Wiesbaden: Gabler, S. 319
[93] Looss, W.; Rauen, C: Einzel-Coaching – Das Konzept einer komplexen Beratungsbeziehung. In: Rauen, C. (Hrsg.) (2005): Handbuch Coaching. 3., überarbeitete und erweiterte Auflage. Göttingen: Hogrefe, S. 180

Demnach trägt eine zentrale Steuerung der Coaching-Aktivitäten auch wesentlich zur Entwicklung der Organisation bei, wobei durch die enge Zusammenarbeit von externen Beratern und Unternehmensrepräsentanten erhebliche Potentiale zur Organisationsentwicklung freigesetzt werden können. Coachs die bereits mehrere Maßnahmen im Unternehmen durchgeführt haben, erkennen schnell wiederkehrende Muster und Schwierigkeiten im Unternehmen und können diese im Rahmen ihrer Arbeit aufdecken. Nach DALL'OSTO und VIEHWEG SCHMID „kann sich aus individuellen Coachingprozessen ergeben, dass bestimmte, als problematisch eingestufte Konstellationen auf ungünstige Strukturen in der Organisation zurückzuführen sind."[94] Diese können beim Erfahrungsaustausch mit Coaching-Verantwortlichen dann zu wertvollen Hinweisen für die Organisation werden, die entsprechend aufgegriffen und bearbeitet werden können.

4.2 Die Vermittlung von Coaching-Maßnahmen durch die Koordinierungsstelle

In Anschluss an die Beschreibung der Bedeutung einer zentralen Steuerung von Coaching-Aktivitäten soll nun die Vorgehensweise bei der Vermittlung von Coaching-Maßnahmen durch die Koordinierungsstelle erläutert werden.

Nachdem die Koordinierungsstelle für Coaching das Anliegen des Klienten geklärt und sichergestellt hat, dass Coaching die geeignete Maßnahme für das Thema des Klienten ist, kann nach einem geeigneten Berater im Coach-Pool oder, falls kein unternehmensinterner Coach-Pool existiert, auf dem Coaching-Markt gesucht werden. Das Matching der Coaching-Paare durch die Vermittlungsstelle erfolgt dann durch den Abgleich des Beraterprofils mit den Anforderungen des Klienten. Je nach Zielsetzung, Anliegen, beruflicher Erfahrung und Position des Mitarbeiters werden zwei bis drei passende Coachprofile ausgewählt.[95] Diese Profile werden den betreffenden Klienten vorgestellt, die dann eigenständig die Coachs kontaktieren und letztendlich selbst

---

[94] Dall'Osto, C; Viehweg Schmid, S.: Coaching bei Helsana – ein Angebot für Führungskräfte. In: Backhausen, W.; Thommen, J.-P. (2006): Coaching. Durch systemisches Denken zu innovativer Personalentwicklung. 3. Auflage. Wiesbaden: Gabler, S. 321
[95] Vgl. Offermanns, M.; Steinhübel, A. (2006): Coachingwissen für Personalverantwortliche. Frankfurt/New York: Campus Verlag, S. 117 & Jarvis J. (2004): Coaching and buying coaching services – a CIPD guide. London: Chartered Institute of Personnel and Development, S. 58

selektieren. Um Kommunikationsschwierigkeiten zwischen der Koordinationsstelle und dem Klient zu vermeiden, hat es sich in der Praxis, so LOOSS und RAUEN, bewährt, „dem interessierten Mitarbeiter nach Übermittlung der Adressen einiger Coachs selbst zu überlassen, den eigentlichen Kontakt zum Coach herzustellen. Meldet sich dann der potentielle Klient beim Coach, so findet die Gestaltung der Beratungsbeziehung von Beginn an zwischen beiden direkt statt, ohne die Einflussnahme anderer Personen befürchten zu müssen."[96]

Nachdem der Mitarbeiter sich für einen Coach entschieden und dies der Koordinationsstelle gemeldet hat, kontaktiert diese den externen Berater, um einen Vertrag über die Coaching-Maßnahme mit jenem abzuschließen. Je nach vereinbarter Vorgehensweise mit den Coaching-Verantwortlichen, kann die Vermittlungsstelle darüber hinaus den Coach über den Klienten, dessen Position im Unternehmen sowie dessen Anliegen und Zielsetzungen für den Coaching-Prozess informieren.

An dieser Stelle sei darauf hingewiesen, dass der Vertraulichkeitsgrad über die Inhalte der Coaching-Sitzungen bestimmt werden sollte. Falls keine Vereinbarung über die Weitergabe von Informationen aus dem Coaching-Prozess getroffen wurde, bleibt es „ausschließlich der Entscheidung des Klienten überlassen, welche Inhalte und Ergebnisse aus der Arbeit mit dem Coach an den Vorgesetzen und/oder die Personal(entwicklungs)abteilung zurückgemeldet werden."[97]

---

[96] Looss, W.; Rauen, C: Einzel-Coaching – Das Konzept einer komplexen Beratungsbeziehung. In: Rauen, C. (Hrsg.) (2005): Handbuch Coaching. 3., überarbeitete und erweiterte Auflage. Göttingen: Hogrefe, S. 166

[97] Looss, W.; Rauen, C: Einzel-Coaching – Das Konzept einer komplexen Beratungsbeziehung. In: Rauen, C. (Hrsg.) (2005): Handbuch Coaching. 3., überarbeitete und erweiterte Auflage. Göttingen: Hogrefe, S. 181

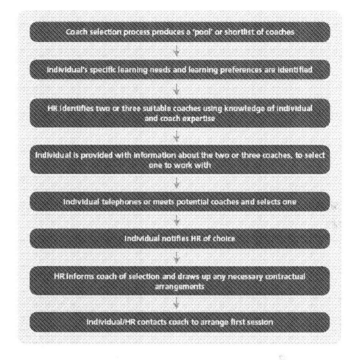

Abb. 5: Beispiel eines Vermittlungsprozesses (im Original: Example of a machting process)[98]

---

[98] Jarvis J. (2004): Coaching and buying coaching services – a CIPD guide. London: Chartered Institute of Personnel and Development, S. 59

5 Der Coach-Auswahlprozess

Die Suche nach kompetenten Coachs gestaltet sich aufgrund fehlender Standards hinsichtlich derer Qualifikationen, der mangelnden Einheitlichkeit der Ausbildungen sowie einem Überangebot von Dienstleistungen auf dem Coaching-Markt als schwierig. Um dieser Situation zu begegnen, tragen Unternehmen eine hohe Verantwortung bei der Gestaltung einer qualitativen Auswahl der externen Berater. Erfahrungen in Rekrutierungs- und Selektionsprozessen im Rahmen der Personalauswahl, lassen sich, so JARVIS, auf die Selektion von Coachs übertragen und anpassen, da hier dieselben Auswahlprinzipien gelten.[99] Dabei variiert nach JARVIS das Vorgehen beim Selektionsprozess jedoch entsprechend des Anliegens. Sucht man einen Coach zur individuellen Beratung eines einzelnen Mitarbeiters, so ist die erste Aufgabe der Coach-Vermittlungsstelle, eine Einschätzung des Entwicklungsbedarfs des Mitarbeiters vorzunehmen bzw. dessen Anliegen für den Beratungsprozess zu ermitteln.

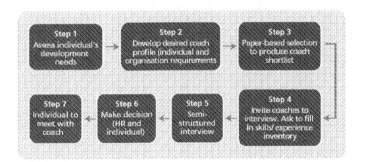

Abb. 6: Beispiel für einen Auswahlprozess für externe Coachs bei einem individuellen Coaching-Anlass (im Original: Example of coach selection process when recruiting a single coach)[100]

---

[99] Vgl. Jarvis J. (2004): Coaching and buying coaching services – a CIPD guide. London: Chartered Institute of Personnel and Development, S. 51

[100] Jarvis J. (2004): Coaching and buying coaching services – a CIPD guide. London: Chartered Institute of Personnel and Development, S. 51

Beabsichtigt eine Organisation hingegen eine gewisse Anzahl an Coachs für den unternehmenseigenen Coach-Pool zu identifizieren, um die Bedürfnisse des Unternehmens im Rahmen eines übergeordneten Personal- und Organisationsentwicklungsansatzes abzudecken, so sollte man zuvor mit der Entwicklung der Anforderungen in Form eines Coachprofils beginnen.[101]

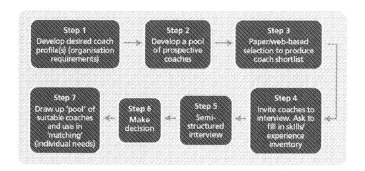

Abb. 7: Beispiel für einen Auswahlprozess für externe Coachs im Rahmen der Bildung eines Coach-Pools (Im Original: Example of coach selection process when recruiting a ‚pool' of suitable coaches)[102]

Die meisten Unternehmen gehen jedoch unsystematisch mit der Selektion von Coachs um und nur wenige Organisationen haben, so GEIẞLER, bislang differenzierte Auswahlkriterien verabschiedet, „die passgenau auf den vorliegenden Coachingbedarf Bezug nehmen."[103] Es gibt jedoch Unternehmen wie DaimlerChrysler, Volkswagen Coaching, VPV Versicherungen und PricewaterhouseCoopers die bereits umfangreiche Auswahlprozesse für Coach einsetzen. In der folgenden Tabelle sind die Auswahlverfahren der vier Unternehmen beispielhaft dargestellt.

---

[101] Vgl. Jarvis J. (2004): Coaching and buying coaching services – a CIPD guide. London: Chartered Institute of Personnel and Development, S. 51-2
[102] Jarvis J. (2004): Coaching and buying coaching services – a CIPD guide. London: Chartered Institute of Personnel and Development, S. 52
[103] Geißler zitiert in: Walther, P.: Coaching-Pools. Beratereinsatz mit System. In: managerSeminare, 99, 2006, S. 60-69. Die Aussage stammt aus dem Text, jedoch ist genaue Seitenzahl nicht erkennbar.

DaimlerChrysler, Werk Sindelfingen	Volkswagen Coaching GmbH	VPV Versicherungen	Pricewaterhouse Coopers
Ausschreibung, Vorauswahl anhand der Anforderungen des Unternehmens, Überkreuzgespräche mit zwei erfahrenen internen Personalern (die selbst als interne Coaches arbeiten bzw. eine Coachingqualifikation haben), Rückmeldung und gegebenenfalls Aufnahme in den Coaching-Pool[104]	Nach Anfrage des Coaches, Zusendung eines Fragebogens und Anforderung von Unterlagen wie Zeugnisse etc.[105], Audit: Selbstpräsentation, Intensiv-Interview, Rollenspiel, Präsentation und Fallbearbeitung, Ergebnis-rückmeldung mit Entwicklungs-beratung, Zertifikatsvergabe [106]	Telefonisches Interview, Kennenlernen-gespräch mit Abfrage zu Kompetenzen und Erfahrungen, Abgleich der Qualitätskriterien und Schilderung von Coaching-Szenarios[107]	Bewerbung mit Lebenslauf und Referenzen, Assessment-Center inklusive ‚Probecoachen', persönliches Gespräch[108].

Tabelle 1: Beispiel für verschiedene Arten von Auswahlprozessen für externe Coachs

Andere Unternehmen führen ausschließlich Auswahlgespräche zur Selektion von Coachs durch; diese können sich im Systematisierungsgrad allerdings stark unterscheiden. RWE Rheinbraun führt beispielsweise teilstrukturierte Auswahlinterviews mit externen Coachs durch.[109]

Betrachtet man die Vorgehensweisen allgemeiner Personalauswahlpraxen, so reicht diese nach SCHULER und MARCUS „von der völlig freien Gesprächsform über teilstrukturierte bis zu vollstrukturierten Varianten mit standardisierten Abläufen und Fragestellungen."[110] Dabei beziehen sich die Gesprächsthemen auf die Berufserfahrung und –ausbildung sowie auf die Bereiche des persönlichen Werdegangs und deren

---

[104] Walther, P.: Coaching-Pools. Beratereinsatz mit System. In: managerSeminare, 99, 2006, S.66
[105] Walther, P.: Coaching-Pools. Beratereinsatz mit System. In: managerSeminare, 99, 2006, S.66
[106] http://www.vw-coaching.de/index.php?id=1698 [05.06.2007]
[107] Walther, P.: Coaching-Pools. Beratereinsatz mit System. In: managerSeminare, 99, 2006, S.66
[108] Werle, K. : Die Stunde der Scharlatane. In: managermagazin, 3, 2007, S. 158
[109] Vgl. Friedrichs, H.: Führungskräfte-Coaching bei RWE Rheinbraun. In: PERSONAL, 10, 2003, S. 44
[110] Marcus, B.; Schuler, H.: Biografieorientierte Verfahren der Personalauswahl. In: Schuler, H. (2006): Lehrbuch der Personalpsychologie. 2., überarbeitete und erweiterte Auflage. Göttingen: Hogrefe Verlag, S. 210

individuelle Verarbeitung.[111] Neben der Art der Strukturierung von Vorstellungsgesprächen unterscheiden sich solche auch durch den verwendeten Fragentypus im Interview sowie durch die Anwendung „arbeitsprobenartiger Komponenten wie kleine Rollenspiele oder Präsentationen"[112], welche es ermöglichen, Ansätze der simulationsorientierten Eignungsdiagnostik in das Selektionsgespräch zu integrieren, wobei diese zum biografieorientierten Ansatz der Berufseignungsdiagnostik zu zählen sind.[113]

Entsprechend empfiehlt WREDE die Kompetenz des Coachs im persönlichen Gespräch anhand von realen Fällen zu überprüfen. „Man bittet den Coach, an einem konkret geschilderten aktuellen Fall seine Arbeitsweise zu praktizieren."[114] Anhand des Falls, der sich möglichst nah an den realen Anforderungen einer möglichen Klienten-Zielgruppe bewegen sollte, wird der Berater aufgefordert, sein Vorgehen darzustellen. Dabei sollte dieser seine Arbeitsweise ausführlich und verständlich erklären und diese transparent darlegen. Des Weiteren sollte hierbei der Unterschied zu anderen Personalentwicklungsmaßnahmen klar erkennbar sein.

Die Kriterien für die Aufnahme des Beraters in den unternehmenseigenen Coach-Pool sind nach WREDE folgende: Zum einen, müssen sich die Evaluierenden einig sein, dass der Coach zum Unternehmen passt und sie auch selber den Coach für sich engagieren würden. Zum anderen, muss der Coach den Eindruck hinterlassen, dass er über eine befähigende Wirkung verfügt und neue Perspektiven seinem Gegenüber aufzeigen kann. „Wenn im Anschluss an das Gespräch alle Anwesenden sagen, dass sie eine neue Einsicht gewonnen haben und/oder selbst zu einem Thema gern mit diesem Coach arbeiten möchten, dann ist das ein sicherer Hinweis, dass der Coach zum einen in der Lage ist, gezielt eine befähigende Wirkung zu hinterlassen und er sich zum anderen

---

[111] Vgl. Schuler, H. (1998): Psychologische Personalauswahl: Einführung in die Berufseignungsdiagnostik. 2. unveränderte Auflage. Göttingen: Verlag für Angewandte Psychologie, S. 84
[112] Marcus, B.; Schuler, H.: Biografieorientierte Verfahren der Personalauswahl. In: Schuler, H. (2006): Lehrbuch der Personalpsychologie. 2., überarbeitete und erweiterte Auflage. Göttingen: Hogrefe Verlag, S. 212
[113] Die drei Ansätze der Berufseignungsdiagnostik werden im sechsten Kapitel dieser Arbeit beschrieben. Vgl. Marcus, B.; Schuler, H.: Biografieorientierte Verfahren der Personalauswahl. In: Schuler, H. (2006): Lehrbuch der Personalpsychologie. 2., überarbeitete und erweiterte Auflage. Göttingen: Hogrefe Verlag, S. 210
[114] Wrede, B.A.: So finden Sie den richtigen Coach. In: Rauen, C. (Hrsg.) (2005): Handbuch Coaching. 3., überarbeitete und erweiterte Auflage. Göttingen: Hogrefe, S. 330

dabei so verhält, dass er Anderen empfohlen werden kann."[115] Diese Kriterien sind für eine qualitative Coach-Auswahl jedoch noch nicht ausreichend. Die im Auswahlprozess mitwirkenden Vertreter der Organisation sollten idealerweise über ein fundiertes Coaching-Wissen verfügen. Nach SCHORP von der VPV Versicherung ist es sogar vorteilhaft, „wenn der beurteilende Personalentwickler selbst mal als Coach gearbeitet hat."[116]

5.1 Die Entwicklung eines Coachprofils für das Unternehmen – Qualifikations- und Kompetenz-Anforderungen an den Coach

Bei der Einführung von Coaching als Personalentwicklungsmaßnahme empfiehlt es sich, im Vorlauf zur Entwicklung eines Selektionsprozesses für Coachs, das unternehmenseigene Coaching-Verständnis und –konzept, wie bereits im dritten Kapitel der vorliegenden Arbeit dargestellt, zu definieren. Die Auseinandersetzung mit dem für das Konzept notwendigen Vorüberlegungen, wie der Festlegung der Zielgruppe der Coaching-Maßnahmen, als auch die daran geknüpftem Erwartungen und Zielsetzungen, bieten nicht nur die Grundlage für die Institutionalisierung von Coaching in der Organisation, sondern liefern nach WREDE „bereits erste Hinweise auf verschiedene Merkmale, die ein zukünftiger Coach im Unternehmen erfüllen muss, wenn er sich mit seiner Arbeit harmonisch und förderlich in die Kultur des Unternehmens einfügen soll."[117] Diese Merkmale bieten eine Unterstützung, um einige Auswahlkriterien für Coachs festzulegen und diese letztendlich in ein Coach-Profil zu überführen, die entsprechend am Coaching-Bedarf des Unternehmens ausgerichtet sind.

---

[115] Wrede, B.A.: So finden Sie den richtigen Coach. In: Rauen, C. (Hrsg.) (2005): Handbuch Coaching. 3., überarbeitete und erweiterte Auflage. Göttingen: Hogrefe, S. 331
[116] Schorp wiedergegeben nach: Walther, P.: Coaching-Pools. Beratereinsatz mit System. In: managerSeminare, 99, 2006, S. 60-69. Die Aussage stammt aus dem Text, jedoch ist genaue Seitenzahl nicht erkennbar.
[117] Wrede, B.A.: So finden Sie den richtigen Coach. In: Rauen, C. (Hrsg.) (2005): Handbuch Coaching. 3., überarbeitete und erweiterte Auflage. Göttingen: Hogrefe, S. 314

5.2 Das Profil eines externen Coachs

Im folgenden Abschnitt werden die wesentlichen Kriterien erläutert, die bei der Coach-Auswahl berücksichtigt und als Anforderungen in ein Coach-Profil aufgenommen werden können. Dabei sollte die Erstellung eines Coach-Profils der eigentlichen Coach-Selektion vorausgehen. Das herausgearbeitete Profil bietet Leitkriterien zur Identifizierung von Coachs, die auf die Ansprüche des Unternehmens ausgerichtet sind. Folgende Kriterien sollten, so JARVIS, bei der Erstellung von Coach-Profilen sowie der Rekrutierung externer Coachs berücksichtigt werden:

- Adäquate Coaching-Erfahrung
- Relevante Funktions- bzw. Branchenerfahrung
- Referenzen
- Beruflicher Hintergrund des Coachs
- Relevante Qualifikationen und Training
- Breites Methoden- und Theorierepertoire
- Supervision
- Eigene Beratungsgrenzen erkennen und bei Bedarf Weiterleitung an kompetentere Stelle
- Mitgliedschaft in Verbänden
- Andere Qualitäten und persönliche Eigenschaften.[118]

Bei der Erstellung eines Coach-Profils ist zunächst die Breite und Tiefe der Coaching-Erfahrung entsprechend der Komplexität des Beratungsanliegens sowie der gewählten Zielgruppe zu ermitteln. Je nach Ranghöhe und Seniorität der Zielgruppe im Unternehmen variieren die Ansprüche an den Coach. Dabei sind das Volumen an durchgeführten Coaching-Stunden, der Umfang an bearbeiteten Coaching-Fällen, die

---

[118] Die aufgelisteten Kriterien und nachstehende Ausführungen des Unterkapitels 5.2 basieren auf Jarvis soweit dies nicht ausdrücklich anderweitig hervorgehoben wird. Vgl. Jarvis J. (2004): Coaching and buying coaching services – a CIPD guide. London: Chartered Institute of Personnel and Development, S. 46-50

gängigen Anlässe für Beauftragungen sowie die Positionen der Gecoachten für die Ermittlung der Coaching-Erfahrung von Bedeutung.

Die Zielgruppe bzw. potentiellen Klienten bestimmen des Weiteren neben der erforderlichen Coaching-Erfahrung des Beraters ebenso die Funktions- bzw. Branchenerfahrung des Coachs. Nach WREDE sollte der Coach mit den Charakteristika, welche „die Funktion seiner Zielgruppe ausmachen, vertraut sein. Sei es, dass er selbst einmal in der Funktion tätig war oder Erfahrung im Coaching von Personen in der Funktion hat."[119] Verfügt der Coach über keine Vorerfahrungen in der bestimmten Funktion oder Branche, so ist ein tiefes Verständnis für organisationale und wirtschaftliche Zusammenhänge unabdinglich. Nach SCHREYÖGG ist es „allerdings nicht unbedingt notwendig, oft auch gar nicht möglich, dass Berater über Intimkenntnisse von der jeweiligen Arbeitssituation ihrer Klienten verfügen. Sie sollten aber im Verlauf der gemeinsamen Arbeit zumindest einen vertieften Eindruck von deren Arbeitsfeld erwerben."[120] SCHREYÖGG setzt für die Aufnahme eines Coaching-Prozesses ein tiefgehendes Interesse an der Arbeitssituation des Klienten seitens des Coachs voraus, um den Erfolg des Coaching-Prozesses zu gewährleisten.[121]

Das Ausmaß an Coaching-Erfahrung und ‚Feldkompetenz' des potentiellen Coachs kann zusätzlich durch Referenzen von ehemaligen Klienten belegt werden. Im Gespräch mit diesen kann der Coaching-Verantwortliche gute Hinweise über die Beratungskompetenz des Coachs sowie über dessen Effizienz gewinnen.[122]

Coachs können, so JARVIS, über verschiedene berufliche Hintergründe verfügen. Diese spiegeln sich in deren Erfahrungen als auch Kompetenzen wider, die ergänzend durch für Coaching relevante Qualifikationen und Trainings aufgewertet werden. Je nach beruflichem Hintergrund variiert der notwendige Umfang und die Tiefe an zu absolvierender Ausbildung, die für eine Tätigkeit als Coach befähigen.[123]

---

[119] Wrede, B.A.: So finden Sie den richtigen Coach. In: Rauen, C. (Hrsg.) (2005): Handbuch Coaching. 3., überarbeitete und erweiterte Auflage. Göttingen: Hogrefe, S. 316
[120] Schreyögg, A: Coaching. In: Nestmann, F.; Engel, F. und Sickendiek, U. (Hrsg.) (2004): Das Handbuch der Beratung. Band 2: Ansätze, Methoden und Felder. Tübingen: dgvt-Verlag, S. 953
[121] Vgl. Schreyögg, A: Coaching. In: Nestmann, F.; Engel, F. und Sickendiek, U. (Hrsg.) (2004): Das Handbuch der Beratung. Band 2: Ansätze, Methoden und Felder. Tübingen: dgvt-Verlag, S. 953
[122] Vgl. Jarvis J. (2004): Coaching and buying coaching services – a CIPD guide. London: Chartered Institute of Personnel and Development, S. 47
[123] Vgl. Jarvis J. (2004): Coaching and buying coaching services – a CIPD guide. London: Chartered Institute of Personnel and Development, S. 47

Nach JARVIS und SCHREYÖGG sollte der Coach über ein breites Methoden- und Theorierepertoire verfügen.[124] Dabei ist, so die Autoren, nicht eine Quantität an Methoden und Modellen wichtig, sondern vielmehr, dass der Coach diese klar und verständlich darstellen und anwenden sowie in sein Gesamtkonzept einordnen kann. Darüber hinaus sei an dieser Stelle darauf hingewiesen, dass die vom Coach angewandten Methoden und Techniken nach WREDE Hinweise auf das Menschenbild und auf die Denkmodelle des Coachs geben, jedoch nicht darüber, ob dieser seine darüber gewonnenen „Erkenntnisse zur unmittelbaren individuellen Befähigung erfolgreich einsetzen kann."[125]

In diesem Zusammenhang zeichnet sich nach DEMBKOWSKI, ELDRIDGE und HUNTER eine zunehmende Tendenz auf dem Coaching-Markt ab, die verschiedenen Methoden und Modelle in Coaching-Ausbildungen zu integrieren und auch in Coach-Supervisionen umzusetzen.[126]

Ein weiteres Kriterium, das nach JARVIS bei der Coachselektion betrachtet werden soll, ist die regelmäßige Inanspruchnahme von Supervision seitens des Coachs. Supervision als Beratungsangebot für den Coach, die zum Ziel hat, die professionelle Rolle und beruflichen Fälle, als auch mögliche Konflikte des Coachs zu reflektieren kann dem Coach-Berater eine zusätzliche Hilfestellung bieten, um „im Handeln und Erleben soweit sensibilisiert zu bleiben, dass eigene, sich schleichend aufbauende Routine erkannt werden"[127], so LOOSS und RAUEN. Supervision als Reflexionsinstrument bietet Coachs ebenfalls Unterstützung, ihre eigenen Grenzen in Bezug auf die Coaching-Aktivitäten zu realisieren. Ein qualifizierter Coach sollte somit stets in der Lage sein, sein Kompetenzfeld eingrenzen zu können und zu erkennen, wenn Fälle außerhalb dieses Bereiches liegen; diese sollte ein kompetenter Berater konsequent ablehnen. In diesem Zusammenhang sollte der Unterschied von Coaching zu anderen Maßnahmen,

---

[124] Vgl. Jarvis J. (2004): Coaching and buying coaching services – a CIPD guide. London: Chartered Institute of Personnel and Development, S. 47-48 & Schreyögg, A. (2003): Coaching. Eine Einführung für Praxis und Ausbildung. 6., überarbeitete und erweiterte Auflage. Frankfurt: Campus Verlag, S. 145-150
[125] Wrede, B.A.: So finden Sie den richtigen Coach. In: Rauen, C. (Hrsg.) (2005): Handbuch Coaching. 3., überarbeitete und erweiterte Auflage. Göttingen: Hogrefe, S. 322
[126] Vgl. Dembkowski, S.; Eldridge, F.; Hunter, I. (2006): The seven steps of effective executive coaching. London: Thorogood, S. 190-191
[127] Looss, W.; Rauen, C: Einzel-Coaching – Das Konzept einer komplexen Beratungsbeziehung. In: Rauen, C. (Hrsg.) (2005): Handbuch Coaching. 3., überarbeitete und erweiterte Auflage. Göttingen: Hogrefe, S. 161

insbesondere zur Psychotherapie, beachtet werden. Im Gegensatz zu solchen Maßnahmen setzt Coaching nach OFFERMANNS und STEINHÜBEL eine gesunde Selbststeuerungsfähigkeit während des gesamten Beratungsprozesses voraus, wobei der Fokus auf der Unterstützung zur Erreichung der beruflichen Ziele liegt.[128] Ist der Klient nicht mehr fähig, sein Handeln selber zu steuern, so gebietet es die Ethik eines professionellen Coachs, diesen entsprechend an eine qualifizierte Stelle zur Bearbeitung seiner Themen weiterzuleiten.

Nach JARVIS, sollte man bei der Coach-Auswahl ebenso die Mitgliedschaft des Beraters in Coaching-Verbänden einbeziehen. Diese könnte zukünftig zu einem wichtigen Kriterium der Coach-Selektion werden, vorausgesetzt dass die Verbände Coachs auf Basis bestimmter Qualifikationen und eines professionellen Handelns als Mitglieder aufnehmen.

Des Weiteren sollten Coaching-Verantwortliche auch auf die persönlichen Eigenschaften und ‚weichen Fähigkeiten' des Coachs, die für eine Coach-Klient-Beziehung relevant sind, achten. Die Anforderungen an die Selbst- und Sozialkompetenz des Beraters sind neben den persönlichen Eigenschaften vielfältig: Neben ausgeprägter Kommunikationsfähigkeit wie Zuhören und Feedback geben, sind dies ebenso Fähigkeiten wie, persönliche Beziehungen aufzubauen, Einfühlungsvermögen zu zeigen, analytisches Vorgehen einzusetzen, Konflikt- und Konfrontationsbereitschaft zu haben, als auch die Fähigkeiten andere zu aktivieren, motivieren und herauszufordern relevant. Bei der Vermittlung eines Coachs an einen Mitarbeiter sollten neben den persönlichen Eigenschaften diese Fähigkeiten ebenfalls mit den Anforderungen des potentiellen Klienten abgeglichen werden.

Im Anschluss an die Beschreibung dieser Auswahlkriterien nach JARVIS, ist jedoch darauf hinzuweisen, dass die Anforderungen an einen Coach dennoch realitätsnah bleiben sollten. Dies befürworten auch die Autoren LOOSS und RAUEN mit folgender Aussage: „Trotz dieser recht breit gehaltenen Qualifikationen – die in zahlreichen

---

[128] Vgl. Offermanns, M.; Steinhübel, A. (2006): Coachingwissen für Personalverantwortliche. Frankfurt/New York: Campus Verlag, S. 27

Veröffentlichungen immer umfangreicher wurden – ist der Coach kein Übermensch oder ‚Alles-besser-Wisser'."[129]

5.3 Potentielle Wege zu Coaching-Anbietern

Nachdem die Anforderungskriterien für Coachs definiert und in ein Coach-Profil integriert worden sind, kann die Suche nach geeigneten Coaching-Anbietern aufgenommen werden. Dabei eignen sich der Besuch von Coaching-Fachtagungen und -Konferenzen sowie die Sichtung von Artikeln in Fachzeitschriften oder Handbüchern, um sich einen ersten Überblick über den Coaching-Markt zu verschaffen und mit etablierten Coachs in Kontakt zu treten. Die Identifikation von potentiellen Coachs für den Coach-Pool über eine solche Vorgehensweise ist nach WREDE zu empfehlen, da die Selbstdarstellung der Coaching-Anbieter in solchen Foren nicht auf ein kundenbezogenes Selbstmarketing ausgerichtet ist, sondern Auskunft über die Sichtweise des Coachs auf spezifische Themen gibt und somit Einblicke in deren Arbeitshaltungen.[130]

Eine weitere Möglichkeit Coachs ausfindig zu machen, kann über Zugriffe auf verschiedene Datenbanken von Coaching-Organisationen erfolgen. Die ‚Forschungsstelle Coaching-Gutachten' unter Leitung von Professor GEIßLER stellt sehr ausführliche Coachgutachten zur Verfügung, die von Unternehmen abgerufen werden können. „Die zentrale Idee der Forschungsstelle Coaching-Gutachten ist es, auf der Grundlage eingereichter Fallbeispiele mit anschließenden Evaluations- und Supervisionsgesprächen Gutachten über das Kompetenzprofil erfahrener Coachs zu schreiben und diese – auf Wunsch des Coachs – öffentlich zu machen, d.h. auf die Homepage der Forschungsstelle Coaching-Gutachten zu stellen."[131] Diese Profile, die Auskunft über die Praxisfelder sowie die thematischen Schwerpunkte der Coachs geben, werden ergänzend auch von Partnerunternehmen des Instituts wie beispielsweise SAP

---
[129] Vgl. Looss, W.; Rauen, C: Einzel-Coaching – Das Konzept einer komplexen Beratungsbeziehung. In: Rauen, C. (Hrsg.) (2005): Handbuch Coaching. 3., überarbeitete und erweiterte Auflage. Göttingen: Hogrefe, S. 172
[130] Vgl. Wrede, B.A.: So finden Sie den richtigen Coach. In: Rauen, C. (Hrsg.) (2005): Handbuch Coaching. 3., überarbeitete und erweiterte Auflage. Göttingen: Hogrefe, S. 329
[131] http://www.coaching-gutachten.de/1_2_ueberuns_ansatz.htm [05.06.2007]

oder der Deutschen Telekom auf ihre Praxisrelevanz hin überprüft.[132] Eine weitere Möglichkeit um einen geeigneten Coach zu finden, stellen die Vermittlungsangebote verschiedener Organisationen dar. WREDE weist daraufhin, dass u.a. die European Coaching Association oder die VW-Coaching GmbH eine solche Dienstleistung anbieten. Dabei haben die Coachs, die bei der VW-Coaching GmbH als Berater registriert sind, so die Autorin, zuvor ein Qualitätsprüfverfahren erfolgreich abgeschlossen.[133]

Abschließend sei für die Coach-Suche und –Auswahl erwähnt, dass Eigenwerbungen von Coachs kritisch zu hinterfragen sind. In der Coaching-Gemeinschaft gilt, dass ein seriöser Coach nicht durch Werbeanzeigen oder Selbstdarstellungen im Internet auf sich aufmerksam macht.[134] Auch Empfehlungen von Coaching- bzw. Personalentwicklungsabteilungen führender Unternehmen sind nicht unbedingt ein treffsicheres Mittel, geeignete Coachs für die eigene Organisation zu finden. Verschiedene Coaching-Ansichten und –Verständnisse können vorliegen, die diametral zu den Ansprüchen bzw. Anforderungen der Firmen stehen und unterschiedliche Kriterien der Coach-Auswahl reproduzieren.

---

[132] Vgl. http://www.coaching-gutachten.de/6_partner_aufgaben.htm [05.06.2007]
[133] Vgl. Wrede, B.A. (2000): So finden Sie den richtigen Coach. Mit professioneller Unterstützung zu beruflichem und privatem Erfolg. Frankfurt: Campus Verlag, S. 118-120
[134] Vgl. Lippmann, E.: Hilfestellungen für beide Seiten. In: Lippmann, E. (Hrsg.)(2006): Coaching. Angewandte Psychologie für die Beratungspraxis. Heidelberg: Springer, S. 353 & Vgl. Wrede, B.A.: So finden Sie den richtigen Coach. In: Rauen, C. (Hrsg.) (2005): Handbuch Coaching. 3., überarbeitete und erweiterte Auflage. Göttingen: Hogrefe, S. 328-9; 342-4

6 Die Berufseignungsdiagnostik

Die Auswahlmethoden und Erfahrungswerte aus Personalbeschaffungs- und Selektionsprozessen lassen sich, wie bereits im fünften Kapitel angedeutet, auf Coach-Auswahlprozesse übertragen, da hier dieselben Auswahlprinzipien gelten. Gegenstand dieses Kapitels ist die Darstellung der Berufseignungsdiagnostik und ihrer drei Ansätze im Hinblick auf die Personalauswahl. Dabei werden einzelne berufseignungsdiagnostische Instrumente exemplarisch kurz beschrieben. Es sei darauf hingewiesen, dass an dieser Stelle nur ein kurzer Überblick über das Thema der Berufseignungsdiagnostik gegeben werden kann und kein Anspruch auf Vollständigkeit einer Betrachtung besteht.

6.1 Die Berufseignungsdiagnostik und ihre drei Ansätze

Die Berufseignungsdiagnostik ist als Teilgebiet der Personalpsychologie nach SCHULER und HÖFT als „Methodologie der Entwicklung, Prüfung und Anwendung psychologischer Verfahren zum Zwecke eignungsbezogener Erfolgsprognosen und Entscheidungshilfen im beruflichen Kontext"[135] zu verstehen. Dabei beschränkt sich das Anwendungsfeld der beruflichen Eignungsdiagnostik nicht nur auf die Bewertung von Kandidaten im Zuge der Besetzung organisationsgebundener Vakanzen, sondern beinhaltet des Weiteren die Einschätzung von Mitarbeiterpotentialen im Hinblick auf die gesamtunternehmerische Personalplanung oder die Bedarfsanalyse im Bereich der persönlichen Weiterbildung einzelner Mitarbeiter.

Im Rahmen der Personalauswahl wird die Feststellung der Eignung eines Bewerbers durch die Gegenüberstellung der Anforderungen an die berufliche Tätigkeit und den Merkmalen der Person vorgenommen, hier synonym für persönliche Eigenschaften, Fähigkeiten und Verhaltensweisen. Dafür sollten vorab die Anforderungen an die Tätigkeit mittels einer Anforderungsanalyse erfasst werden. Diese ermittelt nach FISSENI

---

[135] Höft, S.; Schuler, H.: Konstruktorientierte Verfahren der Personalauswahl. In: Schuler, Heinz (Hrsg.) (2006) : Lehrbuch der Personalpsychologie. 2., überbearbeitete und erweiterte Auflage. Göttingen (u.a.): Hogrefe, S.102

und PREUSSER „die spezifischen Anforderungen einer Zielstelle genau, verhaltensnah[e], anforderungsnah[e] und übungsnah[e]"[136] und kann mithilfe von verschiedenen Analysemethoden durchgeführt werden, die sich in ihrem Standardisierungsgrad jedoch unterscheiden können.[137] Die systematische Erfassung von Arbeitsanforderungen ermöglicht eine wissenschaftlich fundierte Personalauswahl, die sich von einer häufig intuitiv betriebenen Personalauswahl fundamental unterscheidet.[138]

Die methodischen Ansätze der Eignungsdiagnostik werden gemäß SCHULER und HÖFT in drei Verfahrensarten unterteilt: Das biografieorientierte, das simulationsorientierte und das konstruktorientierte Verfahren, die im folgenden dargestellt werden.[139]

6.1.1 Das biografieorientierte Verfahren der Personalauswahl

Der biografieorientierte Ansatz dient dazu, sich, vereinfacht gesagt, die „Vergangenheit des Bewerbers"[140], hier synonym für die persönliche und berufliche Situation des Kandidaten, zu verdeutlichen, um daraus Schlüsse bzw. Prognosen für die berufliche Zukunft ableiten zu können. Die Daten, die durch biographische Fragestellungen in schriftlicher oder mündlicher Form erfasst werden, sollen eine vorausschauende Bestimmung des zukünftig gezeigten Verhaltens des Bewerbers ermöglichen.[141]

---

[136] Fisseni, H.-J.; Preusser, I. (2007): Assessment-Center. Eine Einführung in Theorie und Praxis. Göttingen (u.a.): Hogrefe, S. 80
[137] Zur Arbeits- und Anforderungsanalyse siehe u.a.: Schuler, H.: Arbeits- und Anforderungsanalyse. In: Schuler, Heinz (Hrsg.) (2006) : Lehrbuch der Personalpsychologie. 2., überbearbeitete und erweiterte Auflage. Göttingen (u.a.): Hogrefe, S. 45-68 & Fisseni, H.-J.; Preusser, I. (2007): Assessment-Center. Eine Einführung in Theorie und Praxis. Göttingen (u.a.): Hogrefe, S.69-89
[138] Vgl. Kals, E.: Personalauswahl: Eignung und Beurteilung. In: Kals, E. (2006): Arbeits- und Organisationspsychologie. Workbook. Weinheim: Beltz Verlag, S. 68-69 & S. 80
[139] Vgl. Höft, S.; Schuler, H.: Konstruktorientierte Verfahren der Personalauswahl. In: Schuler, Heinz (Hrsg.) (2006) : Lehrbuch der Personalpsychologie. 2., überbearbeitete und erweiterte Auflage. Göttingen (u.a.): Hogrefe, S. 103
[140] Marcus, B.; Schuler, H.: Biografieorientierte Verfahren der Personalauswahl. In: Schuler, Heinz (Hrsg.) (2006) : Lehrbuch der Personalpsychologie. 2., überbearbeitete und erweiterte Auflage. Göttingen (u.a.): Hogrefe, S. 194
[141] Zum biografieorientierten Verfahren der Personalauswahl siehe u.a.: Marcus, B.; Schuler, H.: Biografieorientierte Verfahren der Personalauswahl. In: Schuler, H. (Hrsg.) (2006) : Lehrbuch der Personalpsychologie. 2., überbearbeitete und erweiterte Auflage. Göttingen (u.a.): Hogrefe, S. 189-226

6.1.1.1 Einzelne Verfahren des biografieorientierten Personalauswahlansatzes

6.1.1.2 Analyse der Bewerbungsunterlagen

Nach HOSSIEP stellen die Bewerbungsunterlagen des Kandidaten die am häufigsten betrachtete erste Informationsquelle für Personalauswahlentscheidungen dar, die eine erste Selektion der Kandidaten ermöglichen.[142] Dabei ist dieses Verfahren meistens nur die erste Hürde eines mehrstufigen Auswahlprozesses und wird nach MARCUS und SCHULER selten „als alleinige Entscheidungsgrundlage zur Besetzung einer Stelle"[143] herangezogen. In diesem Zusammenhang werden bei der Auswertung von Bewerbungsunterlagen eine Vielzahl von Aspekten unter formalen Gesichtspunkten herangezogen, welches die nachstehende aufgeführte Tabelle verdeutlicht.[144]

---

[142] Vgl. Hossiep, R.: Personalauswahl. In: Auhagen, A. E.; Bierhoff, H.-W. (Hrsg.) (2003): Angewandte Sozialpsychologie. Das Praxishandbuch. Weinheim u.a.: Beltz Verlag, S. 266
[143] Marcus, B.; Schuler, H.: Biografieorientierte Verfahren der Personalauswahl. In: Schuler, Heinz (Hrsg.) (2006) : Lehrbuch der Personalpsychologie. 2., überbearbeitete und erweiterte Auflage. Göttingen (u.a.): Hogrefe, S. 191, im Original das Wort „alleinige" und „Besetzung" hervorgehoben.
[144] Vgl. Marcus, B.; Schuler, H.: Biografieorientierte Verfahren der Personalauswahl. In: Schuler, H. (Hrsg.) (2006) : Lehrbuch der Personalpsychologie. 2., überbearbeitete und erweiterte Auflage. Göttingen (u.a.): Hogrefe, S. 191

Auswertung von Bewerbungsunterlagen

1. Formale Aspekte
   - Ist die Bewerbung ordentlich und übersichtlich angelegt?
   - Ist sie fehlerfrei und vollständig?
   - Sind Art und Umfang der Bewerbung der zu besetzenden Position angemessen?
   - Lichtbild

2. Anschreiben und Lebenslauf
   - Sind Anschreiben und ausführlicher oder tabellarischer Lebenslauf enthalten?
   - Simulationsorientierte und eigenschaftsorientierte Auswertung

3. Erforderliche Ausbildung
   - Zeugnisse
   - Praktikumsnachweise
   - sonstige Bescheinigungen
   - ausbildungsbedingter Auslandsaufenthalt

4. Erforderliche Spezialkenntnisse
   - Sprachen
   - EDV-Kenntnisse
   - sonstige Zusatzausbildungen, Lehrgänge etc.

5. Übereinstimmung Lebenslauf/Belege
   - Lückenlosigkeit
   - Zeitfolgeanalyse

6. Plausibilität des Stellenwechsels
   - Abfolge der Positionen
   - Nachvollziehbarkeit der Arbeitgeberwechsel

7. Schulnoten
   - gut geeignet zur Prognose weiterer Ausbildungsleistungen
   - wenig geeignet zur Prognose des Berufserfolgs

8. Studienleistungen
   - falls bekannt, Notenniveau von Hochschule und Studienfach berücksichtigen
   - Qualität der Diplomarbeit ist wichtiger als das Thema

9. Arbeitszeugnisse und Referenzen
   - meist nur verläßlich, wenn von Fachleuten ausgestellt
   - persönliche (mündliche) Referenzen meist aussagekräftiger als schriftliche

10. Ergänzende anforderungsspezifische Aspekte
    - Berufserfahrung
    - Mobilität usw.

11. Offengebliebene Fragen werden für das Gespräch vorgemerkt

Abb. 8: Was an Bewerbungsunterlagen ausgewertet werden kann[145]

---

[145] Schuler, H. (1998): Psychologische Personalauswahl. Einführung in die Berufseignungsdiagnostik. 2., unveränderte Auflage. Göttingen: Verlag für Angewandte Psychologie, S. 80

6.1.1.3 Der biografische Fragebogen

Im Vergleich zur Analyse der Bewerbungsunterlagen gilt der biografische Fragebogen als wesentlich standardisierteres und formalisiertes Instrument des biografischen Ansatzes der Eignungsdiagnostik.[146] Durch die auf dem Fragebogen abgebildeteten Items werden Variablen wie die soziodemographischen Daten des Bewerbers, dessen schulische und berufliche Laufbahn und Erfahrungen sowie dessen Einstellungen und Interessen erhoben.[147] Dabei liegt nach KALS in diesem Zusammenhang die Annahme zugrunde, „dass bestimmte biographische Daten für bestimmte Karrieren prototypisch sind (z.B. weisen Führungskräfte in internationalen Unternehmen oftmals längere Auslandsaufenthalte und Auslandserfahrungen nach)."[148]

6.1.1.4 Das Interview

Ein weiteres Verfahren des biografieorientierten Ansatzes ist das Interview, das sich allerdings nicht eindeutig dem biografischen Ansatz zuordnen lässt, so MARCUS und SCHULER.[149] Wie bereits im fünften Kapitel erwähnt, weisen Interviews eine hohe Heterogenität hinsichtlich ihres Strukturierungs- und Standardisierungsgrades und somit im Hinblick auf ihre Validität auf. Strukturierte Gesprächsformen haben im Vergleich zu unstrukturierten Interviews eine höhere Validität, wobei es sich bei „strukturierten Interviews keineswegs um eine homogene und eindeutig definierte Kategorie"[150] handelt, da nach MARCUS und SCHULER die Strukturierung von Interviews entweder auf einem bestimmten Fragetypus, wie beispielsweise die im nachstehenden dargestellte

---

[146] Vgl. Marcus, B.; Schuler, H.: Biografieorientierte Verfahren der Personalauswahl. In: Schuler, Heinz (Hrsg.) (2006) : Lehrbuch der Personalpsychologie. 2., überbearbeitete und erweiterte Auflage. Göttingen (u.a.): Hogrefe, S. 221
[147] Vgl. Hossiep, R.: Personalauswahl. In: Auhagen, A. E.; Bierhoff, H.-W. (Hrsg.) (2003): Angewandte Sozialpsychologie. Das Praxishandbuch. Weinheim u.a.: Beltz Verlag, S. 267 & Staufenbiel, T.; Rösler, F.: Personalauswahl. In: Frey, D.; Hoyos, C.G. (1999): Arbeits- und Organisationspsychologie. Ein Lehrbuch. Weinheim: Psychologie Verlags Union, S. 495
[148] Kals, E. (2006): Arbeits- und Organisationspsychologie. Workbook. Weinheim: Beltz Verlag, S. 72
[149] Vgl. Marcus, B.; Schuler, H.: Biografieorientierte Verfahren der Personalauswahl. In: Schuler, Heinz (Hrsg.) (2006) : Lehrbuch der Personalpsychologie. 2., überbearbeitete und erweiterte Auflage. Göttingen (u.a.): Hogrefe, S. 221
[150] Marcus, B.; Schuler, H.: Biografieorientierte Verfahren der Personalauswahl. In: Schuler, Heinz (Hrsg.) (2006) : Lehrbuch der Personalpsychologie. 2., überbearbeitete und erweiterte Auflage. Göttingen (u.a.): Hogrefe, S. 213

Critical Incident Befragungstechnik oder aus einer Kombination unterschiedlicher Fragenarten im Rahmen eines Interviewsystems beruht.[151]

6.1.1.4.1 Einzelne Typen strukturierter Interviews

6.1.1.4.1.1 Das Behavioral Description Interview

Im Behavioral Description Interview werden sogenannte kritische Ereignisse beim Bewerber mittels der Critical Incident Befragungstechnik betrachtet. Durch die Fokussierung verhaltensorientierter Fragen auf kritische Ereignisse, die reale Erlebnisse des Kandidaten umfassen, ist der Interviewer in der Lage, „sich ein konkretes Bild von der Handlungsweise des Bewerbers zu machen"[152], in dem er den genauen Handlungsablauf des Befragten anhand konkreter Sachverhalte kritisch hinterfragt. Dabei beschreiben diese kritischen Ereignisse sowohl positives als auch negatives Verhalten.[153]

6.1.1.4.1.2 Das situative Interview

Diese Interviewform basiert auf dem Fragentypus der situativen Fragestellungen, die sich eng an der zuvor genannten Interviewtechnik der kritischen Ereignisse anlehnt. Allerdings steht beim Einsatz von situativen Fragestellungen, die sich auf zukunftsbezogene Situationen beziehen, nicht wie im Falle des Behavioral Description Interviews die Reproduktion von konkreten Verhaltensweisen aus vergangenen Handlungen im Vordergrund, um zukünftiges Verhalten zu prognostizieren, sondern die

---

[151] Vgl. Marcus, B.; Schuler, H.: Biografieorientierte Verfahren der Personalauswahl. In: Schuler, Heinz (Hrsg.) (2006) : Lehrbuch der Personalpsychologie. 2., überarbeitete und erweiterte Auflage. Göttingen (u.a.): Hogrefe, S. 213
[152] Marcus, B.; Schuler, H.: Biografieorientierte Verfahren der Personalauswahl. In: Schuler, Heinz (Hrsg.) (2006) : Lehrbuch der Personalpsychologie. 2., überarbeitete und erweiterte Auflage. Göttingen (u.a.): Hogrefe, S. 216
[153] Vgl. Marcus, B.; Schuler, H.: Biografieorientierte Verfahren der Personalauswahl. In: Schuler, Heinz (Hrsg.) (2006) : Lehrbuch der Personalpsychologie. 2., überarbeitete und erweiterte Auflage. Göttingen (u.a.): Hogrefe, S. 215

Erfassung von zukunftsbezogenen Handlungsoptionen, „gewissermaßen Verhaltensvorsätze oder zumindest kognizierte Verhaltensmöglichkeiten."[154]

6.1.1.4.1.3 Das Multimodale Interview

Aus den Erkenntnissen der Interviewforschung entwickelte SCHULER das multimodale Interview, um einen Beitrag zur Verbesserung der Interviewmethodologie zu leisten.[155] Dabei ist das multimodale Interview eine vorstrukturierte Befragungsform, die in sieben Erhebungsbereiche gegliedert ist, die sowohl freie als auch standardisierte Gesprächskomponenten beinhalten und alle drei Ansätze der Berufseignungsdiagnostik integrieren, wie in nachstehender Abbildung veranschaulicht. Dabei ist das multimodale Interview anforderungsbezogen konzipiert und berücksichtigt „sowohl allgemeine berufserfolgsrelevante Merkmale als auch tätigkeitsspezifische Anforderungen [...] und den Abgleich von Interessen und Befriedigungspotential"[156] des Bewerbers.

---

[154] Marcus, B.; Schuler, H.: Biografieorientierte Verfahren der Personalauswahl. In: Schuler, H. (2006): Lehrbuch der Personalpsychologie. 2., überarbeitete und erweiterte Auflage. Göttingen: Hogrefe Verlag, S. 216

[155] Vgl. Marcus, B.; Schuler, H.: Biografieorientierte Verfahren der Personalauswahl. In: Schuler, H. (2006): Lehrbuch der Personalpsychologie. 2., überarbeitete und erweiterte Auflage. Göttingen: Hogrefe Verlag, S. 217

[156] Schuler, H. (2002): Das Einstellungsinterview. Göttingen u.a.: Hogrefe, S. 211, Auslassung vom Verfasser.

Der Aufbau des Multimodalen Interviews (nach Schuler, 1992)
1. Gesprächsbeginn. Kurze informelle Unterhaltung. Bemühen um angenehme und offene Atmosphäre. Skizzieren des Verhaltensablaufs. Keine Beurteilung.
2. Selbstvorstellung des Bewerbers. Der Bewerber spricht einige Minuten über seinen persönlichen und beruflichen Hintergrund, seine derzeitige Situation und seine Erwartungen für die Zukunft. Sein Verhalten wird in Hinblick auf anforderungsbezogene Urteilsdimensionen eingestuft.
3. Berufsorientierung und Organisationsauswahl. Es werden standardisierte Fragen zu Berufswahl, Berufsinteressen, Organisationsauswahl und Bewerbung, bei berufserfahrenen Bewerbern auch zum Fachwissen gestellt. Die Antwortbewertung erfolgt auf verhaltensverankerten Skalen.
4. Freier Gesprächsteil. Der Interviewer stellt offene Fragen in Anknüpfung an Selbstvorstellung und Bewerbungsunterlagen. Die Bewertung erfolgt summarisch.
5. Biografiebezogene Fragen. Biografische (oder „Erfahrungs-") Fragen werden aus Anforderungsanalysen dimensionsbezogen abgeleitet oder als validierte Fragen aus biografischen Fragebogen übernommen. Die Antworten werden auf verhaltensverankerten Einstufungsskalen beurteilt.
6. Realistische Tätigkeitsinformation. Der Interviewer gibt dem Bewerber ausgewogene, bedarfsgerechte Information über Tätigkeit, Arbeitsplatz und Unternehmen. Überleitung zu situativen Fragen. Keine Beurteilung.
7. Situative Fragen. Auf critical incident-Basis konstruierte situative Fragen werden gestellt, die Antworten werden auf verhaltensverankerten Einstufungsskalen beurteilt.

Abb. 9: Der Aufbau des Multimodalen Interviews (nach Schuler, 1992)[157]

---

[157] Marcus, B.; Schuler, H.: Biografieorientierte Verfahren der Personalauswahl. In: Schuler, H. (2006): Lehrbuch der Personalpsychologie. 2., überarbeitete und erweiterte Auflage. Göttingen: Hogrefe Verlag, S. 218

Die Berufseignungsdiagnostik

6.1.2 Das simulationsorientierte Verfahren der Personalauswahl

Das simulationsorientierte Verfahren der Personalauswahl ist nach FUNKE und HÖFT durch den eignungsdiagnostischen „Einsatz mehr oder weniger realitätsnaher Simulationen wichtiger beruflicher Aufgaben"[158] zu charakterisieren. Die individuellen Verhaltensmerkmale der Bewerber, insbesondere die Leistung bzw. Leistungsfähigkeit in beruflichen Situationen, werden hierbei durch konkrete Arbeitsproben erfasst. In der Personalauswahlpraxis eingesetzte Methoden dieses simulationsorientierten Verfahrens sind beispielsweise die Präsentation, das Rollenspiel oder auch computergestützte Szenarien, die in der Regel nicht einzeln angewandt, sondern miteinander kombiniert werden. Aus der Zusammensetzung dieser verschiedenen Methoden resultiert das Assessment Center-Verfahren, im dem „simultan mehrere Teilnehmer von mehreren Beobachtern in mehreren Verfahren hinsichtlich mehrerer definierter Anforderungen beurteilt"[159] werden.

6.1.2.1 Einzelne Verfahren des simulationsorientierten Personalauswahlansatzes

6.1.2.1.1 Das Rollenspiel

Rollenspiele simulieren meistens, so FUNKE und HÖFT, berufliche Interaktionen zwischen zwei Personen. Die zu simulierende Interaktion reproduziert häufig innerbetriebliche oder kundenspezifische Situationen, wobei die konkrete Simulationsaufgabe „direkt aus der durchgeführten Arbeits- und Anforderungsanalyse abgeleitet"[160] werden sollte. Der simulierte Interaktionszusammenhang ermöglicht den am Verfahren teilnehmenden Beobachtern, Rückschlüsse auf das Arbeitsverhalten im beruflichen Alltag sowie auf die Kompetenzen des Rollenspielers zu ziehen. In diesem

---

[158] Funke, U.; Höft, S.: Simulationsorientierte Verfahren der Personalauswahl. In: Schuler, Heinz (Hrsg.) (2006) : Lehrbuch der Personalpsychologie. 2., überbearbeitete und erweiterte Auflage. Göttingen (u.a.): Hogrefe, S. 146
[159] Funke, U.; Höft, S.: Simulationsorientierte Verfahren der Personalauswahl. In: Schuler, Heinz (Hrsg.) (2006) : Lehrbuch der Personalpsychologie. 2., überbearbeitete und erweiterte Auflage. Göttingen (u.a.): Hogrefe, S. 162
[160] Funke, U.; Höft, S.: Simulationsorientierte Verfahren der Personalauswahl. In: Schuler, Heinz (Hrsg.) (2006) : Lehrbuch der Personalpsychologie. 2., überbearbeitete und erweiterte Auflage. Göttingen (u.a.): Hogrefe, S. 157

Zusammenhang variiert der Strukturierungsgrad von Rollenspielen nach FUNKE und HÖFT zwischen auf einzelne Individuen maßgeschneiderte Abläufe, wobei der Gesprächsverlauf improvisiert wird, bis hin zu strukturierten Ablaufformen, die genau den Inhalt der Simulation vorgeben. Dabei ermöglicht die zweite Variante eine höhere Vergleichbarkeit der Ergebnisse zwischen mehreren Rollenspielern.[161]

6.1.2.1.2 Die Präsentation

Ein weiteres simulationsorientiertes Verfahren der Personalauswahl ist die Präsentation, in der Bewerber nach einer gewissen Vorbereitungszeit ein vorgegebenes Thema mündlich darzustellen haben. Die Beurteilungskriterien einer solchen Präsentation umfassen die formale und verbale Darstellung sowie die fachlichen Inhalte der Präsentation. Das heisst, Kriterien wie die Strukturierung der Präsentation, die Sprachkompetenz des Kandidaten und die sachliche Fundierung spielen bei der Auswertung eine entscheidende Rolle. Dabei fungieren Präsentationen als Auswahlmethode im Rahmen von Assessment Centern oft, so FUNKE und HÖFT, als ‚Eisbrecher', das heisst zur Vertiefung des ersten Kontakts, oder sie sind Bestandteil einer umfangreicheren Aufgabe.[162] In der Praxis werden diese häufig in Form einer Selbstpräsentation durchgeführt, womit der Kandidat die Möglichkeit erhält, sich als Person und seine berufliche Biografie darzustellen.[163]

---

[161] Vgl. Funke, U.; Höft, S.: Simulationsorientierte Verfahren der Personalauswahl. In: Schuler, Heinz (Hrsg.) (2006) : Lehrbuch der Personalpsychologie. 2., überbearbeitete und erweiterte Auflage. Göttingen (u.a.): Hogrefe, S. 157. Für ein Beispiel eines strukturierten Rollenspiels, siehe: Funke, U.; Höft, S.: Simulationsorientierte Verfahren der Personalauswahl. In: Schuler, Heinz (Hrsg.) (2006) : Lehrbuch der Personalpsychologie. 2., überbearbeitete und erweiterte Auflage. Göttingen (u.a.): Hogrefe, S. 158

[162] Vgl. Funke, U.; Höft, S.: Simulationsorientierte Verfahren der Personalauswahl. In: Schuler, Heinz (Hrsg.) (2006) : Lehrbuch der Personalpsychologie. 2., überbearbeitete und erweiterte Auflage. Göttingen (u.a.): Hogrefe, S. 156-7

[163] Vgl. Fisseni, H.-J.; Preusser, I. (2007): Assessment-Center. Eine Einführung in Theorie und Praxis. Göttingen (u.a.): Hogrefe, S. 96

6.1.2.1.3 Das Assessment Center

Durch die Kombination von mehreren einzelnen Verfahren werden in einem Assessment Center die Anforderungsmerkmale, die für die Zielposition relevant sind, in mehreren Übungen beobachtet und evaluiert.[164] Das Assessment Center, das in der Theorie der Berufseignungsdiagnostik dem simulationsorientierten Ansatz zuzuordnen ist, wird in der Praxis ebenso mit biographischen und konstruktorientierten Elementen angereichert.[165] Dadurch trägt das Assessment Center-Verfahren dem Anspruch der Multimodalität oder Multimethodalität Rechnung, wobei, so SCHULER, „eine vollständige Diagnose nur durch den Einsatz mehrerer, unterschiedlicher Verfahren erstellt werden kann."[166]

Eine neuere Variante dieses Verfahrens stellt das Einzel-Assessment Center dar, das nicht als Gruppen-, sondern als Einzelauswahlverfahren konzipiert ist. Dabei wird ein einzelner Bewerber von mehreren Beobachtern geprüft, wobei das Verfahren „nach denselben methodischen Kriterien wie das Gruppen-AC konstruiert"[167] ist. Nach FISSENI und PREUSSER können dabei auch mehrere Einzel-Auswahlverfahren parallel durchgeführt werden. Die parallelen Einzel-Assessments unterscheiden sich vom Gruppen-Assessement darin, dass „die Teilnehmer nicht aufeinandertreffen, also beispielsweise keine Gruppenübungen stattfinden"[168] und dass die Beobachter zwischen den einzelnen parallel ablaufenden Assessments wechseln.[169]

---

[164] Vgl. Staufenbiel,T.; Rösler, F.: Personalauswahl. In: Frey, D.; Hoyos, C.G. (1999): Arbeits- und Organisationspsychologie. Ein Lehrbuch. Weinheim: Psychologie Verlags Union, S.497
[165] Vgl. Funke, U.; Höft, S.: Simulationsorientierte Verfahren der Personalauswahl. In: Schuler, Heinz (Hrsg.) (2006): Lehrbuch der Personalpsychologie. 2., überbearbeitete und erweiterte Auflage. Göttingen (u.a.): Hogrefe, S. 162
[166] Schuler, H. (Hrsg.) (2006): Lehrbuch der Personalpsychologie. 2., überbearbeitete und erweiterte Auflage. Göttingen (u.a.): Hogrefe, S. 97, im Original das Wort „vollständige" hervorgehoben.
[167] Fisseni, H.-J.; Preusser, I. (2007): Assessment-Center. Eine Einführung in Theorie und Praxis. Göttingen (u.a.): Hogrefe, S. 217
[168] Fisseni, H.-J.; Preusser, I. (2007): Assessment-Center. Eine Einführung in Theorie und Praxis. Göttingen (u.a.): Hogrefe, S. 218
[169] Vgl. Fisseni, H.-J.; Preusser, I. (2007): Assessment-Center. Eine Einführung in Theorie und Praxis. Göttingen (u.a.): Hogrefe, S. 218

6.1.3 Das konstruktorientierte Verfahren der Personalauswahl

Mit dem konstruktorientierten Verfahren der Personalauswahl werden Persönlichkeitsmerkmale des Bewerbers erfasst, die als relativ stabil gelten, wie beispielsweise die sprachgebundene Intelligenz und die Gewissenhaftigkeit einer Person. Diese grundlegenden Eigenschaften von Personen werden anhand von psychologischen Tests erhoben, die in kognitive und nicht-kognitive eignungsdiagnostische Verfahren unterteilt werden können. Zum Bereich der kognitiven Verfahren gehören Intelligenzkonzepte, wobei Tests zur Messung von allgemeinen und spezifischen Persönlichkeitsvariablen zum Bereich der nicht-kognitiven Verfahren zählen. Im Messungsbereich von globalen Persönlichkeitsvariablen hat nach HÖFT und SCHULER das Fünf-Faktoren-Modell der Persönlichkeit eine zentrale Stellung erreicht, wohingegen bei Verfahren zur Messung von spezifischen Persönlichkeitsvariablen Eigenschaftskonstrukte wie Interessen, Motivation und Kontrollüberzeugung erfasst werden.[170]

Nach HÖFT und SCHULER stellen folgende Testverfahren die wichtigsten in der Berufseignungsdiagnostik eingesetzten Verfahrenstypen dar:

- Allgemeine Intelligenztests
- Tests spezifischer kognitiver Fähigkeiten
- Tests der Aufmerksamkeit und Konzentration
- Tests sensorischer und motorischer Leistung
- Sonstige Leistungstests
- Allgemeine Persönlichkeitstests
- Spezifische Persönlichkeitstests
- Einstellungs-, Motivations- und Interessenstests.[171]

---

[170] Vgl. Höft, S.; Schuler, H.: Konstruktorientierte Verfahren der Personalauswahl. In: Schuler, Heinz (Hrsg.) (2006) : Lehrbuch der Personalpsychologie. 2., überbearbeitete und erweiterte Auflage. Göttingen (u.a.): Hogrefe, S. 101-144

[171] Vgl. Höft, S.; Schuler, H.: Konstruktorientierte Verfahren der Personalauswahl. In: Schuler, Heinz (Hrsg.) (2006) : Lehrbuch der Personalpsychologie. 2., überbearbeitete und erweiterte Auflage. Göttingen (u.a.): Hogrefe, S. 104

Die Berufseignungsdiagnostik

Ein Vorteil der Anwendung psychologischer Tests gegenüber den zwei zuvor dargestellten Ansätzen der Berufseignungsdiagnostik ist nach HÖFT und SCHULER die Möglichkeit des Rückgriffs "auf wohldefinierte Konstrukte aus der Grundlagenforschung der Differentiellen und der Persönlichkeitspsychologie"[172], welche durch den Einsatz von standardisierten, routinemäßig einsetzbaren Testverfahren gemessen werden können.[173]

Allerdings ist ein Nachteil dieses konstruktorientierten Ansatzes, dass die durch die Tests erfassten Konstrukte nicht immer eindeutig in Bezug zu den Kriterien des Berufserfolges gesetzt werden können.[174] Im Vergleich zum biografie- und simulationsorientierten Ansatz werden konstruktorientierte Verfahren der Personalauswahl häufig nicht auf eine spezifische Tätigkeit ausgerichtet und ermöglichen somit nur indirekte Folgerungen bezüglich der beruflichen Eignung eines Kandidaten für eine Zielposition.

6.1.4 Fazit: Die Multimodalität oder Multimethodalität als Auswahlprinzip

Um eine komplette und ganzheitliche Eignungsdiagnose stellen zu können, ist eine Kombination aus verschiedenen Verfahren der Berufseignungsdiagnostik zu empfehlen, da die drei zuvor dargestellten Ansätze jeweils unterschiedliche Aspekte der Person erfassen und nicht auf Ganzheitlichkeit ausgelegt sind. Die empfohlene Methodenvielfalt wird in der Eignungsdiagnostik als Multimodalität oder Multimethodalität bezeichnet und ist aufgrund der durch die Methodenvielzahl gegebenen Perspektivenvielfalt auf den Bewerber sinnvoll, um eine bessere

---

[172] Höft, S.; Schuler, H.: Konstruktorientierte Verfahren der Personalauswahl. In: Schuler, Heinz (Hrsg.) (2006) : Lehrbuch der Personalpsychologie. 2., überbearbeitete und erweiterte Auflage. Göttingen (u.a.): Hogrefe, S. 138, im Original das Wort „wohldefinierte" hervorgehoben.
[173] Höft, S.; Schuler, H.: Konstruktorientierte Verfahren der Personalauswahl. In: Schuler, Heinz (Hrsg.) (2006) : Lehrbuch der Personalpsychologie. 2., überbearbeitete und erweiterte Auflage. Göttingen (u.a.): Hogrefe, S. 104
[174] Vgl. Höft, S.; Schuler, H.: Konstruktorientierte Verfahren der Personalauswahl. In: Schuler, Heinz (Hrsg.) (2006) : Lehrbuch der Personalpsychologie. 2., überbearbeitete und erweiterte Auflage. Göttingen (u.a.): Hogrefe, S. 138

Erfolgsprognose im Hinblick auf die zukünftige Leistung des Bewerbers in der Zielposition geben zu können.[175]

---

[175] Vgl. Schuler, H. (Hrsg.) (2006) : Lehrbuch der Personalpsychologie. 2., überbearbeitete und erweiterte Auflage. Göttingen (u.a.): Hogrefe, S.97-99

7 Methodenteil – Theoretische Grundlagen

Entsprechend des Projektauftrags der Mazda Motor Europe GmbH ist das Ziel der vorliegenden Diplomarbeit herauszufinden, wie man bei der Auswahl von externen Coachs vorgehen sollte. Dabei gilt es zu betrachten, welche Auswahlverfahren sich besonders für die Selektion von externen Coachs eignen und welche Anforderungen seitens des Unternehmens an diese gestellt werden. Eine theoretische Abhandlung dieser Fragestellung ist entsprechend des Mangels an empirischen Erkenntnissen in diesem Forschungsfeld nicht möglich. Der Schwerpunkt dieser Arbeit liegt demnach in der Generierung von empirischen Material, um eine Bearbeitung der Fragestellung vornehmen zu können.

Im nachfolgenden Teil wird zunächst die theoriegeleitete Begründung der gewählten Vorgehensweise bei der Bearbeitung der empirischen Untersuchung dargelegt. Dabei wird die Wahl der Untersuchungsart und –methode begründet, die verschiedenen Befragungsformen mit Fokus auf das persönliche und telefonische Interview dargestellt, sowie das Erhebungsinstrument des Interviewleitfadens, insbesondere im Hinblick auf die Anordnung der Fragestellungen erläutert.

7.1 Explorative Untersuchungen und Experteninterviews

7.1.1 Die Wahl der Untersuchungsart und –methode

Die Wahl einer bestimmten Untersuchungsart richtet sich nach BORTZ und DÖRING in erheblichem Maße nach dem jeweiligen Forschungsstand im Untersuchungsfeld. Mangelt es an Kenntnis einer bestimmten Thematik, so empfiehlt sich die Durchführung einer Untersuchung mit explorativer Ausrichtung - diese wird in relativ unerforschten Bereichen zur Datengewinnung eingesetzt.[176]

Infolge mangelnder wissenschaftlicher Erkenntnisse im Themenfeld ‚Auswahlprozesse für externe Coachs' wird der empirische Untersuchungsteil dieser Arbeit demnach über

---

[176] Vgl. Bortz, J.; Döring, N. (2006): Forschungsmethoden und Evaluation für Human- und Sozialwissenschaftler. 4., überarbeitete Auflage. Heidelberg: Springer, S. 49-50

einen explorativen Erhebungsansatz angeleitet. Die Gestaltung explorativer Untersuchungen ist über verschiedene Methoden, die von der Feldbeobachtung bis hin zu verschiedenen offenen Befragungsarten reichen, durchführbar. Als Erhebungsmethode zur Bearbeitung des vorliegenden Themas wird das Experteninterview eingesetzt, das sich als nichtstandardisierte Befragungsart für die explorative Untersuchungsarbeit eignet. Nach MEUSER und NAGEL gilt „das ExpertInneninterview als ein wenig strukturiertes Erhebungsinstrument, das zu explorativen Zwecken eingesetzt wird."[177] Als leitfadengestützte Befragungsform wird dieses Untersuchungsinstrument besonders zur Erhebung von Expertenwissen in Institutionen angewendet, so FLICK.[178]

7.1.2 Das Experteninterview: Ein leitfadengestütztes, offenes Interview

Der Einsatz von Experteninterviews als Erhebungsmethode ist in der Forschungspraxis weit verbreitet, jedoch ist die methodische Fundierung dieser Methode verhältnismäßig gering ausgeprägt.[179] Nach MEUSER und NAGEL steht der breiten Anwendung von Experteninterviews „ein auffälliger Mangel an methodischer Literatur [in diesem Bereich] gegenüber."[180]

Wie bereits erwähnt, werden Experteninterviews in der Regel „als leitfadengestützte Interviews geführt."[181] Dabei wird der Leitfaden flexibel eingesetzt, wobei die

---

[177] Meuser, M.; Nagel, U.: Das ExpertInneninterview – Wissenssoziologische Voraussetzungen und methodische Durchführung. In: Friebertshäuser, B.; Prengel, A. (Hrsg.) (2003): Handbuch Qualitative Forschungsmethoden in der Erziehungswissenschaft. Studienausgabe. Weinheim und München: Juventa Verlag, S. 482
[178] Vgl. Flick, U. (2000): Qualitative Forschung. Theorie, Methoden, Anwendung in Psychologie und Sozialwissenschaften. 5. Auflage. Rowohlt Taschenbuch Verlag: Reinbek bei Hamburg, S. 146
[179] Vgl. Bogner, A.; Menz, W.: Expertenwissen und Forschungspraxis: die modernisierungstheoretische und die methodische Debatte um die Experten. Zur Einführung in ein unübersichtliches Problemfeld. In: Bogner, A.; Littig; B.; Menz, W. (2005): Das Experteninterview. Theorie, Methode, Anwendung. 2. Auflage. Wiesbaden: VS Verlag für Sozialwissenschaften, S. 7-10
[180] Meuser, M.; Nagel, U.: Das ExpertInneninterview – Wissenssoziologische Voraussetzungen und methodische Durchführung. In: Friebertshäuser, B.; Prengel, A. (Hrsg.) (2003): Handbuch Qualitative Forschungsmethoden in der Erziehungswissenschaft. Studienausgabe. Weinheim und München: Juventa Verlag, S. 482, Zusatz vom Verfasser.
[181] Gläser, J.; Laudel, G. (2006): Experteninterviews und qualitative Inhaltsanalyse als Instrumente rekonstruierender Untersuchungen. 2., durchgesehene Auflage. Wiesbaden: VS Verlag für Sozialwissenschaften, S. 107

Leitfragestellungen eine thematische Strukturierung bieten, somit Flexibilität zulassen und keinem standardisierten Ablaufschema folgen, wie dies beispielsweise bei einem standardisierten Fragebogen der Fall ist. Diese Offenheit des Experteninterviews ermöglicht dem Forscher somit auch, spontan aufkommende Themen im Gespräch zuzulassen. „Dem Prinzip der Offenheit wird dadurch Rechnung getragen, dass offene Fragen formuliert werden, die dem Interviewten die Möglichkeit geben, entsprechend seinen Vorstellungen zu antworten."[182] Dabei sollte nach MEUSER und NAGEL nicht in Gänze auf thematische Vorstrukturierungen verzichtet werden, wie dies bei narrativen Interviews üblich ist. Der Verzicht auf jegliche Art von Struktur im Interview könnte nach MEUSER und NAGEL die Gefahr mit sich bringen, dass der Forscher als inkompetenter Gesprächspartner vom Experten wahrgenommen wird; folglich würde dem Interviewer ein entsprechender Zugang zum Expertenwissen erschwert werden, so dass dieses nicht umfassend erhoben werden kann.[183] Des Weiteren sei an dieser Stelle darauf hingewiesen, dass die Interviewführung auf die Besonderheiten der Zielgruppe der Befragung und deren Kommunikationsregeln ausgerichtet werden sollte. Interessant sind in diesem Zusammenhang die Ausführungen von TRINCZEK zur Durchführung von Experteninterviews im betrieblichen Kontext mit Führungskräften. Nach dem Autor ist bei der Interviewführung mit Managern, zu deren Gruppe in weitesten Sinne auch die in der vorliegenden Arbeit befragten Personen gehören, methodologisch betrachtet, „mitunter zwingend, [zwar] die Offenheit der Interviewsituation zu bewahren, gleichwohl aber strukturierend und argumentierend zu intervenieren."[184]

---

[182] Gläser, J.; Laudel, G. (2006): Experteninterviews und qualitative Inhaltsanalyse als Instrumente rekonstruierender Untersuchungen. 2., durchgesehene Auflage. Wiesbaden: VS Verlag für Sozialwissenschaften., S. 111
[183] Vgl. Meuser, M.; Nagel, U.: Das ExpertInneninterview – Wissenssoziologische Voraussetzungen und methodische Durchführung. In: Friebertshäuser, B.; Prengel, A. (Hrsg.) (2003): Handbuch Qualitative Forschungsmethoden in der Erziehungswissenschaft. Studienausgabe. Weinheim und München: Juventa Verlag, S. 486
[184] Trinczek, R.: Wie befrage ich Manager? Methodische und methodologische Aspekte der Experteninterviews als qualitativer Methode empirischer Sozialforschung. In: Bogner, A.; Littig, B.; Menz, W. (Hrsg.) (2005): Das Experteninterview. Theorie, Methode, Anwendung. 2. Auflage. Wiesbaden: VS Verlag für Sozialwissenschaften, S. 221

7.1.3 Die Experten als Adressaten des Experteninterviews

Aus Methodensicht können diejenigen Personen als Experten betrachtet werden, die über ein bestimmtes Wissen verfügen, das hinsichtlich der Untersuchungsfrage von Relevanz ist. Methodologisch gesehen ist es also der Forscher, der einer Person ihren Expertenstatus verleiht, weil diese „über ein Wissen verfügt, das sie zwar nicht alleine besitzt, das aber doch nicht jedermann bzw. jederfrau in dem interessierenden Handlungsfeld zugänglich ist"[185], so MEUSER und NAGEL. An dieser Stelle sei darauf hingewiesen, dass sich nicht jeder in einem bestimmten Bereich anerkannter Experte als zu Befragender eignet. Als Adressaten von Experteninterviews eignen sich nach HITZLER, HONER und MAEDER die Personen, die über eine „institutionalisierte Kompetenz zur Konstruktion von Wirklichkeit"[186] verfügen. Demnach ist das Experteninterview auf die Erhebung des Wissensvorsprungs von Individuen ausgelegt, die aufgrund ihrer Stellung als Träger besonderen Wissens gelten.

7.1.4 Die Fallauswahl bei explorativen Untersuchungen

Im Vergleich zu repräsentativen Forschungsstudien, welche die Überprüfung vorab aufgestellter Hypothesen bezwecken, stellen explorative Untersuchungen geringere Anforderungen an die Auswahl der Untersuchungseinheiten, da diese eher nach inhaltlichen als nach methodologischen Merkmalen ausgewählt werden.[187] Nach BORTZ und DÖRING ist es für explorativen Untersuchungen „weitgehend unerheblich, wie die Untersuchungsteilnehmer aus der interessierenden Population ausgewählt werden."[188]

---

[185] Meuser, M.; Nagel, U.: Das ExpertInneninterview – Wissenssoziologische Voraussetzungen und methodische Durchführung. In: Friebertshäuser, B.; Prengel, A. (Hrsg.) (2003): Handbuch Qualitative Forschungsmethoden in der Erziehungswissenschaft. Studienausgabe. Weinheim und München: Juventa Verlag, S. 484
[186] Hitzler, R.; Honer, A.; Maeder, C. zitiert in: Meuser, M.; Nagel, U.: Das ExpertInneninterview – Wissenssoziologische Voraussetzungen und methodische Durchführung. In: Friebertshäuser, B.; Prengel, A. (Hrsg.) (2003): Handbuch Qualitative Forschungsmethoden in der Erziehungswissenschaft. Studienausgabe. Weinheim und München: Juventa Verlag, S. 484
[187] Vgl. Bortz, J.; Döring, N. (2006): Forschungsmethoden und Evaluation für Human- und Sozialwissenschaftler. 4., überarbeitete Auflage. Heidelberg: Springer, S. 71 & Flick, U. (2000): Qualitative Forschung. Theorie, Methoden, Anwendung in Psychologie und Sozialwissenschaften. 5. Auflage. Rowohlt Taschenbuch Verlag: Reinbek bei Hamburg, S. 85
[188] Bortz, J.; Döring, N. (2006): Forschungsmethoden und Evaluation für Human- und Sozialwissenschaftler. 4., überarbeitete Auflage. Heidelberg: Springer, S. 71

Zudem ist eine repräsentative Stichprobenwahl bei explorativen Studien meistens nicht möglich, wie dies bei Forschungsstudien mit nicht-explorativem Charakter der Fall ist, bei denen der Umfang der Grundgesamtheit der Untersuchungseinheiten bekannt ist - dieser ist bei explorativen Forschungsstudien in den meisten Fällen nicht bekannt. Die Fallauswahl - d.h. welche Personen befragt werden - sollte entsprechend derer Relevanz im Hinblick auf das Untersuchungsziel getroffen werden.[189] Laut MORSE richtet sich dies nach dem Grad des verfügbaren, besonderen Wissens von Personen und der Erfahrung dieser mit dem Thema der Untersuchung, welches zur Beantwortung der Untersuchungsfrage notwendig ist.[190] Des Weiteren sollten die zu Befragenden, gemäß dem Autor, „die Fähigkeit zur Reflexion und Artikulation besitzen, die Zeit haben, um befragt (oder beobachtet) zu werden, und bereits sein, an der Untersuchung teilzunehmen."[191]

7.2 Die Befragung

Befragungen bzw. Interviews unterscheiden sich nach DIECKMANN im wesentlichen durch die jeweils eingesetzte Kommunikationsform, wobei diese, so der Autor, in drei Kommunikationstypen differenziert werden kann: Das persönliche ‚Face-to-face'-Interview, das telefonische Interview und die schriftliche Befragung.[192] Im Rahmen der in dieser Arbeit vorgenommenen Untersuchung wurde die persönliche sowie die telefonische Befragungsform eingesetzt, die im folgenden dargestellt werden.

---

[189] Vgl. Flick, U. (2000): Qualitative Forschung. Theorie, Methoden, Anwendung in Psychologie und Sozialwissenschaften. 5. Auflage. Rowohlt Taschenbuch Verlag: Reinbek bei Hamburg, S. 78-86
[190] Vgl. Morse, J. M.: Designin Funded Qualitative Research. In: Denzin, N.; Lincoln, Y.S. (Hrsg.) (1994): Handbook of Qualitative Research. London: Sage, S. 228
[191] Morse wiedergegeben nach: Flick, U. (2000): Qualitative Forschung. Theorie, Methoden, Anwendung in Psychologie und Sozialwissenschaften. 5. Auflage. Rowohlt Taschenbuch Verlag: Reinbek bei Hamburg, S.88. Vgl. auch Morse, J. M.: Designin Funded Qualitative Research. In: Denzin, N.; Lincoln, Y.S. (Hrsg.) (1994): Handbook of Qualitative Research. London: Sage, S. 288
[192] Vgl. Dieckmann, A. (1996): Empirische Sozialforschung. Grundlagen, Methoden, Anwendungen. 2., durchgesehene Auflage. Rowohlt Taschenbuch Verlag: Reinbeck bei Hamburg, S. 373

7.2.1 Das persönliche ‚Face-to-face'-Interview

Das persönliche Interview im ‚Hier und Jetzt' wird nach SCHOLL in drei Hauptkategorien unterteilt: Das Hausinterview, das Passanteninterview, und die ‚Klassenzimmer'-Befragung, wobei sich für das Experteninterview ausschließlich die erst genannte Befragungsform eignet.[193] Beim Passanteninterview sowie der ‚Klassenzimmer'-Befragung kann nicht sichergestellt werden, dass es sich bei den befragten Personen überhaupt um für das Forschungsthema relevante Experten handelt, so dass diese Interviewformen für die hier durchzuführende Untersuchung nicht geeignet sind. Die Einsatzmöglichkeiten des Passanteninterviews sowie der ‚Klassenzimmer'-Befragung sind generell eingeschränkt. Das Passanteninterview wird in der Öffentlichkeit durchgeführt, wobei „die Grundgesamtheit [der Befragten] [...] in Beziehung [...] mit dem Ort der Befragung"[194] stehen muss. Nach SCHOLL eignet sich diese Befragungsvariante beispielweise für die Befragung von Konsumenten im Innenstadtbereich. Die ‚Klassenzimmer'-Befragung hingegen ist für Befragungen mit Fragestellungen, bei denen eine homogene Gruppe wie Schulklassen, Universitätsseminare, Abteilungen in Unternehmen und Behörden untersucht werden soll geeignet. Dahingegen wird der Befragte beim Hausinterview meistens an seinem Arbeitsplatz oder an einem anderen vereinbarten Ort aufgesucht.[195] Diese Befragungsart eignet sich demnach für die Befragung von Personen, die als Experten identifiziert werden und über ein für die Forschungsfrage relevantes Wissen verfügen. Diese Interviewform findet in der Untersuchung der vorliegenden Arbeit somit Anwendung.

7.2.1.1 Vorteile des persönlichen Interviews

Die Vorteile der persönlich-mündlichen, sowie der telefonischen Befragungen liegen zum einen darin, dass der Befragte die Möglichkeit erhält, dem Interviewer bei

---

[193] Vgl. Scholl, A (2003): Die Befragung. Sozialwissenschaftliche Methode und kommunikationswissenschaftliche Anwendung. Konstanz: UVK Verlagsgesellschaft, S. 31
[194] Scholl, A (2003): Die Befragung. Sozialwissenschaftliche Methode und kommunikationswissenschaftliche Anwendung. Konstanz: UVK Verlagsgesellschaft, S. 32, Zusatz und Auslassungen vom Verfasser.
[195] Vgl. Scholl, A (2003): Die Befragung. Sozialwissenschaftliche Methode und kommunikationswissenschaftliche Anwendung. Konstanz: UVK Verlagsgesellschaft, S. 31-32

unverständlichen Fragestellungen Rück- bzw. Klärungsfragen zu stellen. Zum anderen hat der Interviewer den Vorteil, bei oberflächlichen oder für ihn unverständlichen Antworten intervenieren zu können und diese zu klären.[196] Dies wäre bei einer schriftlichen Befragung ausgeschlossen.

7.2.1.2 Nachteile des persönlichen Interviews

Der Einsatz persönlicher Interviews bei Befragungen ist meistens durch eine längere Datenerhebungsphase und durch höhere Durchführungskosten im Vergleich zu anderen Befragungsformen gekennzeichnet, da die Befragten vom Interviewer selbst aufgesucht werden müssen.[197] Des Weiteren hängt die Qualität der Interviews stark von der individuellen Kompetenz des Interviewers ab. „Ein kompetenter Interviewer [ist, so Scholl] immer erforderlich, um vom Befragten komplexere und tiefere Informationen zu bekommen."[198] Dabei sollte der Interviewer thematisch gut vorbereitet und kommunikationsfähig sein, um die Antworten und Impulse des Gesprächspartners richtig zu verstehen sowie die entsprechenden Fragen verständlich formulieren zu können.

Ergänzend besteht aufgrund der persönlichen Beziehung zwischen den Interaktionspartnern im Interview das Risiko, dass der Befragte sich durch den Interviewer in seinem Antwortverhalten beeinflussen lässt und somit in seinen Antworten vordeterminiert wird. Dies kann sogar zur Produktion von sozial erwünschten Antworten führen.[199]

---

[196] Vgl. Scholl, A (2003): Die Befragung. Sozialwissenschaftliche Methode und kommunikationswissenschaftliche Anwendung. Konstanz: UVK Verlagsgesellschaft, S.40
[197] Vgl. Scholl, A (2003): Die Befragung. Sozialwissenschaftliche Methode und kommunikationswissenschaftliche Anwendung. Konstanz: UVK Verlagsgesellschaft, S.40
[198] Scholl, A (2003): Die Befragung. Sozialwissenschaftliche Methode und kommunikationswissenschaftliche Anwendung. Konstanz: UVK Verlagsgesellschaft, S. 40, Zusatz vom Verfasser.
[199] Vgl. Scholl, A (2003): Die Befragung. Sozialwissenschaftliche Methode und kommunikationswissenschaftliche Anwendung. Konstanz: UVK Verlagsgesellschaft, S. 41

7.2.2 Das telefonische Interview

Das telefonische Interview weist viele Ähnlichkeiten mit dem persönlichen Interview auf, jedoch ist diese Art der „Befragung weniger persönlich [geprägt] als das mündliche face-to-face-Interview."[200]

7.2.2.1 Vorteile des telefonischen Interviews

Im Vergleich zu persönlichen Interviews ist die Feldphase bei telefonischen Interviews meistens kürzer und die Kosten der Befragung sind im Verhältnis zum ‚Face-to-face'-Interview wesentlich geringer. Dabei ist die Befragungssituation am Telefon durch eine höhere Anonymität gekennzeichnet, als dies bei persönlichen Interviews der Fall ist. Zusätzlich können nach SCHOLL „die Interviewer im Telefoninterview weniger Fehler begehen als im persönlichen Interview, weil sie besser kontrollierbar sind und weil ihr Verhalten, auf die akustische Dimension reduziert, weniger exponiert ist."[201] Demnach verläuft durch die Reduzierung der Interviewsituation auf akustische Reize das Gespräch häufig konzentrierter und zielgerichteter als das persönliche Interview.[202]

7.2.2.2 Nachteile des telefonischen Interviews

Die geringere Verbindlichkeit der telefonischen Gesprächssituation, die eine größere Anonymität als das persönliche Interview bietet, hat den Nachteil, dass die Antworten oberflächlicher als im persönlichen Interview ausfallen können. Dies wird auch durch die in der Regel kürzere Interviewdauer gefördert, die wahrscheinlich auch durch den weniger natürlichen Gesprächsverlauf verstärkt wird.[203] Bei dieser Befragungsform liegt es somit in erheblichem Maße am Interviewer, das Gespräch entsprechend der vorab

---

[200] Scholl, A (2003): Die Befragung. Sozialwissenschaftliche Methode und kommunikationswissenschaftliche Anwendung. Konstanz: UVK Verlagsgesellschaft, S. 41, Zusatz vom Verfasser.
[201] Scholl, A (2003): Die Befragung. Sozialwissenschaftliche Methode und kommunikationswissenschaftliche Anwendung. Konstanz: UVK Verlagsgesellschaft, S. 44
[202] Vgl. Scholl, A (2003): Die Befragung. Sozialwissenschaftliche Methode und kommunikationswissenschaftliche Anwendung. Konstanz: UVK Verlagsgesellschaft, S. 44
[203] Scholl, A (2003): Die Befragung. Sozialwissenschaftliche Methode und kommunikationswissenschaftliche Anwendung. Konstanz: UVK Verlagsgesellschaft, S. 45

definierten Zielsetzungen zu steuern und bei eventuellen thematischen Entgleisungen entgegenzuwirken.

7.3 Die Konstruktion des Interviewleitfadens

Der Interviewleitfaden bei Experteninterviews ist zumeist in Themenbereiche unterteilt, wobei an diese Leitfragen gekoppelt sein können, die zur Themenerschließung dienen und am konkreten Erhebungsgegenstand ausgerichtet sind. Über die Ausformulierung von Fragestellungen im Leitfaden gibt es verschiedenen Auffassungen. Nach MEUSER und NAGEL sollte ein Leitfaden keine ausformulierten Fragestellungen enthalten, wohingegen GLÄSER und LAUDEL für das Gegenteil plädieren.[204] Im Gegensatz zu standardisierten Interviews sollen die Fragen offen gestellt werden und keine Antwortvorgaben enthalten. Die Stellung von offenen Fragen soll hierbei erzählgenerierend wirken und die Möglichkeit geben, auch nicht-vordefinierte bzw. unerwartet aufkommende Themenfelder im Gespräch zuzulassen. Dieses Vorgehen schafft somit einen Zugang zu den Wissensfeldern, die im Fokus der Erhebung stehen und über ein standardisiertes Vorgehen nicht erreichbar wären.[205]

Diese erzählanregenden Fragen werden zusätzlich durch Detailfragen ergänzt. Diese haben eine Art Kontrollfunktion, um wichtige Aspekte des Themas, die durch die Erzählanregungen nicht beantwortet worden sind, zu erfassen. In diesem Zusammenhang erachten GLÄSER und LAUDEL die Erzählanregungen im Interview

---

[204] Vgl. Meuser, M.; Nagel, U.: Das ExpertInneninterview – Wissenssoziologische Voraussetzungen und methodische Durchführung. In: Friebertshäuser, B.; Prengel, A. (Hrsg.) (2003): Handbuch Qualitative Forschungsmethoden in der Erziehungswissenschaft. Studienausgabe. Weinheim und München: Juventa Verlag, S. 487 & Gläser, J.; Laudel, G. (2006): Experteninterviews und qualitative Inhaltsanalyse als Instrumente rekonstruierender Untersuchungen. 2., durchgesehene Auflage. Wiesbaden: VS Verlag für Sozialwissenschaften, S. 140

[205] Vgl. Meuser, M.; Nagel, U.: Das ExpertInneninterview – Wissenssoziologische Voraussetzungen und methodische Durchführung. In: Friebertshäuser, B.; Prengel, A. (Hrsg.) (2003): Handbuch Qualitative Forschungsmethoden in der Erziehungswissenschaft. Studienausgabe. Weinheim und München: Juventa Verlag, S. 486-488 & Gläser, J.; Laudel, G. (2006): Experteninterviews und qualitative Inhaltsanalyse als Instrumente rekonstruierender Untersuchungen. 2., durchgesehene Auflage. Wiesbaden: VS Verlag für Sozialwissenschaften, S. 111

wichtiger als die Detailfragen, wobei diese „jeweils zuerst gestellt werden [sollten] in der Hoffnung, dass sich [die] Detailfragen erübrigen."[206]

Der Interviewleitfaden ist, so GLÄSER und LAUDEL, so konstruiert, dass dieser nicht sofort mit Fragestellungen beginnt, sondern mit einer Vorbemerkung, in der festgehalten wird, „was vor dem Interview gesagt werden muss."[207] Dabei soll der Interviewpartner gemäß den Autoren vor Gesprächsbeginn über das Ziel der Untersuchung sowie über die Art und Weise, „wie seine persönlichen Daten geschützt werden und [wie] die Anonymität der Untersuchung gesichert wird"[208] informiert werden. Des Weiteren muss, beabsichtigt der Interviewer eine Aufzeichnung des Gespräches auf Tonband vorzunehmen, das Einverständnis des Gesprächspartners hierzu eingeholt werden. Um diese wichtigen Aspekte, die vor Beginn des Interviews geklärt werden sollten, nicht zu vergessen, ist es sinnvoll so, GLÄSER und LAUDEL, diese auf dem Leitfaden vor den Fragen zu notieren.[209]

Nach dieser Phase, die zur Klärung der Interviewmodalitäten als Vorbemerkung zum Interview dient, kann das eigentliche Gespräch beginnen und die ersten Fragestellungen formuliert werden. In dieser Gesprächsphase stellt der Interviewer, so GLÄSER und LAUDEL, die sogenannte Anwärmfrage, die dazu dienen soll, ein positives Klima für den weiteren Interviewverlauf zu schaffen. Die Anwärmfrage sollte dabei so aufgesetzt sein, dass diese, „für den Interviewpartner leicht zu beantworten ist und einen ihm angenehmen Gegenstand betrifft."[210] Im Anschluss an die Anwärmfrage soll dann die

---

[206] Gläser, J.; Laudel, G. (2006): Experteninterviews und qualitative Inhaltsanalyse als Instrumente rekonstruierender Untersuchungen. 2., durchgesehene Auflage. Wiesbaden: VS Verlag für Sozialwissenschaften, S. 141, Zusätze vom Verfasser.
[207] Gläser, J.; Laudel, G. (2006): Experteninterviews und qualitative Inhaltsanalyse als Instrumente rekonstruierender Untersuchungen. 2., durchgesehene Auflage. Wiesbaden: VS Verlag für Sozialwissenschaften, S. 140
[208] Gläser, J.; Laudel, G. (2006): Experteninterviews und qualitative Inhaltsanalyse als Instrumente rekonstruierender Untersuchungen. 2., durchgesehene Auflage. Wiesbaden: VS Verlag für Sozialwissenschaften, S. 140, Zusatz vom Verfasser.
[209] Vgl. Gläser, J.; Laudel, G. (2006): Experteninterviews und qualitative Inhaltsanalyse als Instrumente rekonstruierender Untersuchungen. 2., durchgesehene Auflage. Wiesbaden: VS Verlag für Sozialwissenschaften, S. 140
[210] Gläser, J.; Laudel, G. (2006): Experteninterviews und qualitative Inhaltsanalyse als Instrumente rekonstruierender Untersuchungen. 2., durchgesehene Auflage. Wiesbaden: VS Verlag für Sozialwissenschaften, S. 143

Fragenreihenfolge im Leitfaden entsprechend der zuvor festgelegten Themen folgen. Nach GLÄSER und LAUDEL sollten dabei inhaltlich verwandte Themen auch konsekutiv behandelt werden, da dies „eine Annäherung an den natürlichen Gesprächsverlauf"[211] ermöglichen. Des Weiteren soll, so die Autoren, die Abarbeitung thematisch gruppierter Fragestellungen die Aktivierung des Erinnerungsvermögens des Interviewten fördern.[212] An dieser Stelle sei jedoch darauf hingewiesen, dass diese Anordnung der Fragen nur eine grobe Strukturierungsmöglichkeit für das Gespräch bietet, die vom Interviewer flexibel gehandhabt und nicht als starre Struktur betrachtet werden sollte.

---

[211] Gläser, J.; Laudel, G. (2006): Experteninterviews und qualitative Inhaltsanalyse als Instrumente rekonstruierender Untersuchungen. 2., durchgesehene Auflage. Wiesbaden: VS Verlag für Sozialwissenschaften, S. 142

[212] Vgl. Gläser, J.; Laudel, G. (2006): Experteninterviews und qualitative Inhaltsanalyse als Instrumente rekonstruierender Untersuchungen. 2., durchgesehene Auflage. Wiesbaden: VS Verlag für Sozialwissenschaften, S. 142

8 Konstruktion des Interviewleitfadens und Durchführung der Interviews

Nach dieser theoretischen Betrachtung und der Herausstellung der relevanten Erhebungsmethode und –schritte für die nachfolgende empirische Untersuchung wird im vorliegenden Kapitel die genaue Durchführung der Erhebung dargestellt. Dabei wird zunächst das Erhebungsinstrument, der an der Forschungsfrage ausgerichtete Interviewleitfaden, veranschaulicht und anschließend auf die Untersuchungsteilnehmer, die befragten Unternehmen sowie auf die Durchführung der Interviews eingegangen. Anschließend wird die Auswertungsstrategie veranschaulicht, an der sich die vorliegende Arbeit bei der Verarbeitung der gewonnenen Daten orientiert.

8.1 Leitfaden der vorliegenden Arbeit

Die thematische Festlegung der Inhalte des Interviewleitfadens wurde mithilfe der Erkenntnisse aus dem theoretischen Teil dieser Arbeit vorgenommen, wobei die Kapitel ‚Die zentrale Steuerung von Coaching-Aktivitäten im Unternehmen', ‚Der Coach-Auswahlprozess' und ‚Die Berufseignungsdiagnostik', hier ausschlaggebend waren und die Vorstrukturierung der Fragen im wesentlichen beeinflusst haben. Die Konstruktion des Leitfadens für die Experteninterviews basierte dabei auf der im vorherigen Kapitel dargestellte Vorgehensweise zur Konstruktion von Interviewleitfäden und insbesondere auf den nach GLÄSER und LAUDEL skizzierten Ausführungen über die Auswahl, Formulierung und Anordnung von Fragen.[213]

Wie im siebten Kapitel bereits erwähnt, beginnt der Interviewleitfaden mit einer Vorbemerkung, in der das Ziel der Untersuchung zunächst kurz beschrieben wird. Des Weiteren werden hier die formalen Aspekte, wie beispielsweise die Anonymität der Befragung sowie der Schutz der persönlichen Daten geklärt.

Die Anwärmfrage im Interviewleitfaden lautet: „Welche Bedeutung hat Coaching in Ihrem Unternehmen und wie wird damit verfahren?" Diese Fragestellung sollte einen

---

[213] Vgl. Interviewleitfaden in Anhang, S. 155

leichten Einstieg in das Interviewthema sowie eine erste Darstellung der Bedeutung und Einbettung von Coaching im jeweiligen Unternehmenskontext ermöglichen. Mit dieser Impulsfrage und den nachfolgenden, untergeordneten Detailfragen wurde beabsichtigt, die organisatorischen Rahmenbedingungen für die Maßnahme Coaching zu erfassen und eine Basis für die Vertiefung des Themas zu schaffen.

Entsprechend des im vorherigen Kapitel behandelten Themas der Fragenanordnung bei Interviews, sind im Erhebungsleitfaden nach der Anwärmfrage, folgende Leitfragen im Hinblick auf den Auswahlprozess von externen Coachs gruppiert, welche auch die Kernfragen meines Interviewleitfadens darstellen:

- Wie ist in Ihrem Unternehmen der Auswahlprozess für externe Coachs strukturiert?
- Wie ist Ihre Vorauswahl von externen Coachs angelegt und welche Kriterien ziehen Sie dafür heran?
- Über welche Kompetenzen, Qualifikationen und persönliche Eigenschaften sollte ein Coach verfügen, um in Ihren Unternehmen als Coach tätig zu sein?
- Welche Auswahlmethoden und -instrumente setzen Sie im Rahmen des Selektionsprozesses ein?
- Was wollen Sie mit diesen Methoden und Instrumenten genau erfassen bzw. abdecken?
- Wie evaluieren Sie den Erfolg des Auswahlprozesses?

Die Anordnung der Fragen ist so gewählt worden, dass der Befragte zunächst allgemeine Fragen zum Auswahlprozess für externe Coachs beantwortet. Damit wird bezweckt, dass der Interviewte zunächst in das Themenfeld eingeführt und dann über Detailfragen an die interessierenden Wissensfelder herangeführt wird. Die weiteren nachfolgenden Fragestellungen sind dabei so angeordnet, dass der Interviewte durch die grundlegende Struktur von Personalauswahlprozessen geführt wird, d.h. es wurde zunächst die Vorauswahl von Coachs und dann der tatsächliche Auswahlprozess behandelt. In diesem Zusammenhang stellt die Vorauswahl die erste Selektionsstufe für die darauffolgende Endauswahl dar; das heißt Kandidaten, die bereits bei der Vorauswahl aussortiert wurden, werden im weiteren Auswahlverfahren nicht betrachtet. Der Endauswahlprozess baut demnach auf der Vorauswahl auf und ist entsprechend der dort zu betrachtenden Selektionskriterien komplexer und vielschichtiger ausgelegt. Die Fragestellungen im Hinblick auf den Endauswahlprozess sind in drei Leitfragen unterteilt. Die erste Frage ‚Über welche Kompetenzen, Qualifikationen und persönliche Eigenschaften sollte ein Coach verfügen, um in Ihren Unternehmen als Coach tätig zu sein?' zielt dabei auf die Datengewinnung bezüglich der im befragten Unternehmen gestellten Anforderungen an den Coach ab. Die darauffolgende Frage ‚Welche Auswahlmethoden und -instrumente setzen Sie im Rahmen des Selektionsprozesses ein?' betrachtet hingegen die tatsächlich eingesetzten Auswahlmethoden bzw. -instrumente bei der Coachselektion. Diese Frage wurde an dieser Stelle der Fragenreihenfolge positioniert, da hier davon auszugehen ist, dass bei der Konstruktion eines Auswahlprozesses und der Bestimmung der relevanten Selektionskriterien zunächst die Anforderungen an die Tätigkeit ermittelt werden und dann die Entscheidung getroffen wird, welche Auswahlverfahren zur Ermittlung der Eignung der Person herangezogen werden. Wie bereits im ersten Teil dieser Arbeit dargestellt wurde, sollten die Anforderungen an externe Coachs in Form eines Coachprofils vor dem Selektionsprozess festgelegt werden. Dies gilt, so JARVIS, sowohl für die Suche nach einem Coach für den unternehmenseigenen Coach-Pool, als auch zur individuellen Beratung eines einzelnen Mitarbeiters.[214] Die Verknüpfung zwischen den an einen externen Coach gestellten Anforderungen und die zur Erhebung dieser eingesetzten Auswahlmethoden wird mit der nachfolgenden Frage ‚Was wollen Sie mit diesen Methoden und Instrumenten genau erfassen bzw. abdecken?' betrachtet. Zielsetzung dieser Fragestellung ist es herauszufinden, mit welchen im Auswahlprozess eingesetzten Methoden und Instrumenten welche Kompetenzfelder erfasst werden sollen.

Die nachfolgende Fragestellung im Leitfaden ‚Wie evaluieren Sie den Erfolg des Auswahlprozesses?' befasst sich mit der Evaluierung der Selektionsverfahren für externe Coachs. Dabei steht die Überprüfung der Zufriedenheit der befragten Person mit dem durchgeführten Coach-Auswahlprozess im Fokus der Betrachtung, um zu

---

[214] Vgl. Jarvis J. (2004): Coaching and buying coaching services – a CIPD guide. London: Chartered Institute of Personnel and Development, S. 51-52

hinterfragen, ob die interviewte Person diesen eventuell noch modifizieren würde und ob sich, entsprechend aktueller Erfahrungen aus der Auswahlpraxis, eventuell andere Methoden besser eignen würden, um bestimmte Kompetenzfelder der Coachs zu erheben.

Nach diesem Leitfragenabschnitt zum Prozess der Coach-Auswahl und der Evaluation des Selektionsprozesses im befragten Unternehmen werden im nachfolgenden Empfehlungen für anderen Unternehmen erfragt, die ebenfalls Coach-Auswahlprozesse implementieren möchten: ‚Welche Empfehlungen würden Sie anderen Unternehmen, die ebenfalls Coach-Auswahlprozesse implementieren möchten, geben?'.
Zielsetzung dieser Fragestellung ist es herauszufinden, ob zusätzlich bestimmte Themen bei der Konstruktion von Auswahlprozessen für externe Coachs zu beachten sind und ein ‚Best Practice'-Wissen zu generieren, um eventuelle Implementierungsfehler im vorhinein auszuschließen.

Am Ende des Leitfadens ist eine Abschlussfrage positioniert, die dem Interviewten die Möglichkeit gibt, Ergänzungen zum Thema anzuführen, die aus seiner Sicht im Interview noch nicht ausreichend berücksichtigt worden sind. Eine solche Fragestellung, die im Leitfaden wie folgt lautet: „Fällt Ihnen noch etwas wichtiges zum Thema Coachselektion ein, das ich noch nicht beachtet habe?" hat nach GLÄSER und LAUDEL folgende Vorzüge für den Interviewabschluss:

> „Sie überlässt es dem Interviewpartner, über den Inhalt der Antwort zu entscheiden, und ist deshalb wahrscheinlich angenehm für ihn. Außerdem erhöht sich die Offenheit des Interviews, indem noch einmal die Generierung von Informationen anregt, die in der Vorbereitung nicht vorhergesehen wurden."[215]

---

[215] Gläser, J.; Laudel, G. (2006): Experteninterviews und qualitative Inhaltsanalyse als Instrumente rekonstruierender Untersuchungen. 2., durchgesehene Auflage. Wiesbaden: VS Verlag für Sozialwissenschaften, S. 144-145

Wie bereits dargestellt, fördert die gewählte Aufteilung der Fragen in Leitfaden nach Themenkomplexen, die Annäherung an einen natürlichen Gesprächsverlauf, als auch die Aktivierung des „Erinnerungsvermögens des Gesprächspartners."[216]

8.2 Die Anwerbung und Kontaktaufnahme von Untersuchungsteilnehmern

Die Untersuchungsteilnehmer wurden zunächst schriftlich kontaktiert und deren Interesse an einer Teilnahme an der Untersuchung erfragt. Dabei wurde im Anschreiben das Untersuchungsvorhaben inhaltlich kurz dargestellt. Die Experten zu diesem Thema wurden entweder auf Coaching-Veranstaltungen oder über Fachartikel identifiziert als auch über Empfehlungen kontaktiert. Nach einer schriftlichen Rückmeldung seitens der Experten wurden diese telefonisch angesprochen und ein Interviewtermin vereinbart. In einigen Fällen fand das Interview nicht mit der ursprünglich kontaktierten Person, sondern mit einer dritten Person statt, die für das Thema Coaching im Unternehmen zuständig ist.

Die ‚Rücklaufquote' seitens der für die Erhebung angefragten Unternehmen war sehr hoch. Insgesamt wurden zwölf Personen schriftlich kontaktiert und acht Interviewtermine vereinbart.

8.3 Eine anonymisierte Kurzdarstellung der befragten Unternehmen

Bei den befragten Unternehmen handelt es sich um deutschstämmige und ausländischen Großunternehmen. Bei den deutschstämmigen Unternehmen wurden jeweils Personen aus den Unternehmenszentralen befragt, wohingegen bei den ausländischen Firmen Personen aus den deutschen Niederlassungen interviewt wurden. An dieser Stelle sei darauf hingewiesen, dass im Rahmen der vereinbarten Anonymität die befragten Unternehmen hier nicht explizit namentlich erwähnt werden.

---

[216] Gläser, J.; Laudel, G. (2006): Experteninterviews und qualitative Inhaltsanalyse als Instrumente rekonstruierender Untersuchungen. 2., durchgesehene Auflage. Wiesbaden: VS Verlag für Sozialwissenschaften, S. 142

Die interviewten Experten sind in folgenden Unternehmen für das Coaching zuständig:

- Bei einem der befragten Unternehmen handelt es sich um einen führenden internationalen Mobilitäts- und Logistikdienstleister.
- Bei einem anderen Unternehmen handelt es sich um einen global führenden Mischkonzern der Elektrotechnik.
- Ein Betrieb ist die deutsche Niederlassung eines global agiererenden amerikanischen Multi-Technologie-Unternehmens
- Eine Firma ist die deutsche Vertretung einer führenden US-amerikanischen Wirtschaftsprüfungs- und Beratungsgesellschaft
- Ein Unternehmen ist ein global führender Automobilproduzent.
- Ein Unternehmen ist ein international agierendes Großhandelsunternehmen.
- Ein Unternehmen ist die Informationstechnologiesparte eines international führenden Mischkonzerns im Bereich der Elektrotechnik und Elektronik.
- Bei einer der befragten Firmen handelt es sich um einen international tätigen Automobilzulieferer.

8.4 Die Durchführung der Interviews

Die Interviews wurden im Zeitraum vom 09.07.2007 bis zum 24.08.2007 durchgeführt. Insgesamt wurden acht Interviews geführt; davon wurden sechs Interviews telefonisch durchgeführt und zwei Gespräche fanden am Arbeitsplatz der Experten statt. Sieben Experteninterviews wurden auf Tonband aufgenommen und anschließend vollständig transkribiert. Ein Expertengespräch konnte nicht aufgenommen werden, da dies von der befragten Person nicht gewünscht war. In diesem Fall wurden während des Gesprächs die wichtigsten Informationen protokolliert. Es sei an dieser Stelle angemerkt, dass eine befragte Person den Interviewleitfaden vorab zur Einsicht erhalten hat, da dies als Voraussetzung für die Teilnahme an der Befragung festgelegt wurde.

8.5 Die Transkription

Wie bereits erwähnt, wurden die durchgeführten Experteninterviews, so erfolgte eine Zustimmung zur Tonbandaufnahme durch die befragte Person, komplett verschriftet. Die vollständige Transkription der Interviewaufnahme ist nach MEUSER und NAGEL bei Erhebungen im Rahmen von Experteninterviews nicht als Normalfall zu betrachten.[217] Dessen ungeachtet wurde bei der vorliegenden Arbeit das gesamte Interviewmaterial transkribiert, um bei Bedarf immer wieder die Originalaussagen der Befragten heranziehen zu können.

Bei der Verschriftung der aufgenommenen Interviews wurde ausschließlich auf die verbalen Elemente der Interviewsituation geachtet. Nach SCHMIDT ist ein höher Genauigkeitsgrad bei der Transkription sowie eine Festhaltung von Pausen, Betonungen, Veränderungen der Lautstärke, etc. nur dann notwendig, „wenn es in den Interpretationen z.B. um emotionale Aspekte geht"[218]; dies ist beispielsweise bei biographischen Interviews der Fall, wo das Selbsterleben des Gesprächspartners im Vordergrund steht. Da bei einem Experteninterview, das inhaltliche Erkenntnisinteresse im Fokus liegt, welches demnach auf die Rekonstruktion von Wissensbeständen abzielt, ist ein solch aufwendiges Notationssystem bei dieser Transkription an dieser Stelle überflüssig und es wurde darauf verzichtet.[219]

8.6 Die Auswertungsstrategie

Die Vorgehensweise bei der Interviewauswertung orientiert sich an der von MEUSER und NAGEL vorgeschlagenen Auswertungsstrategie, die, so die Autoren, „flexibel an die

---

[217] Vgl. Meuser, M.; Nagel, U.: Das ExpertInneninterview – Wissenssoziologische Voraussetzungen und methodische Durchführung. In: Friebertshäuser, B.; Prengel, A. (Hrsg.) (2003): Handbuch Qualitative Forschungsmethoden in der Erziehungswissenschaft. Studienausgabe. Weinheim und München: Juventa Verlag, S. 488

[218] Schmidt, C.: „Am Material": Auswertungstechniken für Leitfadeninterviews. In: Friebertshäuser, B.; Prengel, A. (Hrsg.) (2003): Handbuch Qualitative Forschungsmethoden in der Erziehungswissenschaft. Studienausgabe. Weinheim und München: Juventa Verlag, S. 546

[219] Zu den unterschiedlichen Erkenntnisinteressen bei Experteninterviews und biographischen Interviews vgl. Honer, A.: Das explorative Interview. Zur Rekonstruktion der Relevanzen von Expertinnen und anderen Leuten. In: Schweizerische Zeitschrift für Soziologie, 20, 1994, S. 623-640.

jeweiligen Untersuchungsbedingungen angepasst werden kann."[220] Ihre Auswertungsstrategie, welche die zuvor beschriebene Transkription voraussetzt, besteht aus fünf Auswertungsschritten. Der erste Schritt der Auswertung beinhaltet die „Sequenzierung des Textes nach thematischen Einheiten."[221] Dabei soll eine Paraphrasierung entlang des chronologischen Gesprächsverlaufs vorgenommen werden, welche die Expertenaussagen entsprechend wiedergibt. Dabei wird jedoch nicht das vollständige Interviewmaterial paraphrasiert. Die Entscheidung, welche Passagen paraphrasiert werden, geschieht „im Hinblick auf die leitenden Forschungsfragen."[222] Im zweiten Schritt werden dann die zuvor paraphrasierten Texteile mit Überschriften oder Kodes versehen, die eine thematische Anordnung der Textabschnitte ermöglichen.[223] Nach der Kodierung des schriftlichen Materials werden in der dritten Auswertungsphase, dem thematischen Vergleich, die Textpassagen aus den verschiedenen Interviews, die gleiche oder vergleichbare Inhalte aufweisen thematisch zusammengeführt. Im folgenden vierten Schritt, der soziologischen Konzeptualisierung, werden „Gemeinsamkeiten und Differenzen [...] – im Rekurs auf theoretische Wissensbestände – begrifflich gestaltet."[224] Dabei distanziert sich der Forscher vom Interviewmaterial und von der Terminologie der Befragten. In der jeweiligen Kategorie wird dann, so MEUSER und NAGEL, das Besondere des gemeinsam geteilten Wissens der Experten zusammengeführt und explizit gemacht.[225]

---

[220] Meuser, M.; Nagel, U.: ExpertInneninterviews – vielfach erprobt, wenig bedacht. Ein Beitrag zur qualitativen Methodendiskussion. In: Bogner, A.; Littig; B.; Menz, W. (2005): Das Experteninterview. Theorie, Methode, Anwendung. 2. Auflage. Wiesbaden: VS Verlag für Sozialwissenschaften, S. 80-81

[221] Meuser, M.; Nagel, U.: Das ExpertInneninterview – Wissenssoziologische Voraussetzungen und methodische Durchführung. In: Friebertshäuser, B.; Prengel, A. (Hrsg.) (2003): Handbuch Qualitative Forschungsmethoden in der Erziehungswissenschaft. Studienausgabe. Weinheim und München: Juventa Verlag, S. 488

[222] Meuser, M.; Nagel, U.: Das ExpertInneninterview – Wissenssoziologische Voraussetzungen und methodische Durchführung. In: Friebertshäuser, B.; Prengel, A. (Hrsg.) (2003): Handbuch Qualitative Forschungsmethoden in der Erziehungswissenschaft. Studienausgabe. Weinheim und München: Juventa Verlag, S. 488

[223] Vgl. Meuser, M.; Nagel, U.: ExpertInneninterviews – vielfach erprobt, wenig bedacht. Ein Beitrag zur qualitativen Methodendiskussion. In: Bogner, A.; Littig; B.; Menz, W. (2005): Das Experteninterview. Theorie, Methode, Anwendung. 2. Auflage. Wiesbaden: VS Verlag für Sozialwissenschaften, S. 85

[224] Meuser, M.; Nagel, U.: Das ExpertInneninterview – Wissenssoziologische Voraussetzungen und methodische Durchführung. In: Friebertshäuser, B.; Prengel, A. (Hrsg.) (2003): Handbuch Qualitative Forschungsmethoden in der Erziehungswissenschaft. Studienausgabe. Weinheim und München: Juventa Verlag, S. 489, Auslassung vom Verfasser.

[225] Vgl. Meuser, M.; Nagel, U.: Das ExpertInneninterview – Wissenssoziologische Voraussetzungen und methodische Durchführung. In: Friebertshäuser, B.; Prengel, A. (Hrsg) (2003): Handbuch Qualitative

Bei der theoretischen Generalisierung, der letzte Auswertungsschritt der MEUSERSCHEN und NAGELSCHEN Auswertungsstrategie, wird die auf der empirischen Ebene vorgenommene Generalisierung der erhobenen Inhalte mit theoretischen Erkenntnissen angereichert. Dabei werden die zuvor bestimmten Kategorien „in ihrem internen Zusammenhang theoretisch aufgeordnet."[226]

Forschungsmethoden in der Erziehungswissenschaft. Studienausgabe. Weinheim und München: Juventa Verlag, S. 489

[226] Meuser, M.; Nagel, U.: Das ExpertInneninterview – Wissenssoziologische Voraussetzungen und methodische Durchführung. In: Friebertshäuser, B.; Prengel, A. (Hrsg.) (2003): Handbuch Qualitative Forschungsmethoden in der Erziehungswissenschaft. Studienausgabe. Weinheim und München: Juventa Verlag, S. 489

9 Ergebnisse der Experteninterviews

Die Ergebnisse der im Rahmen der vorliegenden Arbeit durchgeführten Experteninterviews werden zunächst ausführlich am Einzelfall deskriptiv dargestellt. Diese fallbezogene Darstellung soll aufzeigen, wie das Thema Coaching bzw. Coach-Auswahl in unterschiedlichen Unternehmen angegangen und bearbeitet wird. Die thematisch angeordneten paraphrasierten Passagen aus den einzelnen Interviews wurden hierfür aufgearbeitet. Anschließend werden die dargestellten Ergebnisse zusammenfassend betrachtet, um unternehmensübergreifende Tendenzen beim Vorgehen im Rahmen der Coach-Auswahl und der Steuerung der Coaching-Aktivitäten aufzuzeigen. Es sei an dieser Stelle darauf hingewiesen, dass die Untersuchung keinen repräsentativen Anspruch erhebt.

9.1 Ergebnisse Unternehmen 1

9.1.1 Organisatorische Rahmenbedingungen

Beim Unternehmen 1 ist ein Team bestehend aus drei Personen der zentralen Personalabteilung für Coaching verantwortlich, wobei Coaching nicht das einzige Aufgabengebiet der Personen ist. Die Maßnahme Coaching wird seit zwei Jahren im Unternehmen eingesetzt. Im Jahr 2006 wurde ein Coach-Pool aufgebaut, der zirka dreißig bis fünfunddreißig Coachs umfasst. Seitdem wird bei internen Anfragen auf diesen Coach-Pool zurückgegriffen. Die befragte Person verfügt selbst über eine Coaching-Ausbildung.

9.1.2 Die Anforderungen an den Coach

Die Coachs müssen, um beim Unternehmen 1 als Coach tätig zu sein, eine Coaching-Ausbildung vorweisen und in einem der gängigen, zertifizierten Coaching-Verbände organisiert sein. Dabei ist es wünschenswert, dass die Coachs einen systemischen Coaching-Ansatz verfolgen sowie umfangreiche Methodenkompetenzen besitzen und verschiedene Ausbildungen absolviert haben. Des Weiteren werden Kenntnisse betriebswirtschaftlicher Abläufe, gängiger Führungskonzepte und Verhandlungstechniken sowie eigene Führungserfahrungen vorausgesetzt. Die Coachs müssen zusätzlich bereits namhafte Kunden haben oder Projekte im Bereich Executive Coaching durchgeführt haben. Wünschenswert sind zudem konkrete Erfahrungen in der Betreuung von Veränderungs- und Lernprozessen in anderen Unternehmen. Coaching-Erfahrungen im wirtschaftlichen Umfeld und mit Führungskräften bzw. Entscheidungsträgern sind wichtige Kernanforderungen, über die der Coach verfügen muss. Erfahrungen in der Branche des Unternehmen 1 spielen keine Rolle bei der Coachselektion, da Kenntnisse anderer Branchen auch neue Perspektiven im eigenen Unternehmen fördern können. Zusätzlich muss der Coach kulturell und persönlich anschlussfähig sein und mit den Führungskräften auf Augenhöhe diskutieren können. In diesem Zusammenhang sollte der Coach Vertraulichkeit, Authenzitität und Persönlichkeit ausstrahlen. Dabei ist es wünschenswert, dass der Coach bereits selbst einen tiefgehenden Veränderungsprozess erlebt hat. Das Kriterium der regionalen Verfügbarkeit des Coachs spielt ebenfalls eine wichtige Rolle beim Aufbau des Coach-Pools. Für die Tätigkeit als Coach beim Unternehmen 1 wird ein Mindestalter von fünfunddreißig Jahren vorausgesetzt, um für das Unternehmen als Coach tätig sein zu können.

9.1.3 Die Vorauswahl

Die Suche nach geeigneten Coachs erfolgt über das eigene professionelle Netzwerk des Unternehmens sowie über das der im Unternehmen tätigen Trainer, die Coachdatenbank von Herrn Rauen, ein Coaching-Experte, als auch über die direkte Ansprache von Coachs. Dabei müssen sich alle Coachs offiziell beim Unternehmen 1 bewerben. In diesem Zusammenhang ist es für die für Coaching verantwortliche Person wichtig, auch neue Coachs mit in den Prozess einzubeziehen und nicht nur auf das bestehende Netzwerk zurückzugreifen. Die Bewerber werden mithilfe der Auswertung ihrer schriftlichen Unterlagen und der Überprüfung von Referenzen vorausgewählt.

9.1.4 Der Auswahlprozess

Hinsichtlich der Auswahl von Coachs für den Coach-Pool ist es Unternehmen 1 wichtig, möglichst viele Coachs miteinander vergleichen zu können. Dabei wird eine große Anzahl von Coachs eingeladen und pro Tag jeweils sechs bis acht Coachs gleichzeitig evaluiert. In den Auswahlprozess sind Personalmitarbeiter sowie in Ausnahmefällen auch Fachkräfte aus den Geschäftsbereichen involviert. Dabei wird jeder Coach in den Übungen von zwei Auditoren zeitgleich beobachtet. Jeder im Auswahlprozess involvierte Mitarbeiter erlebt alle Coachs mindestens in der Selbstpräsentation. Während des Auswahlprozesses können sich die Coachs auch untereinander sehen. Dies wird von den Coachs als positiv erachtet, so die interviewte Person, da transparent wird, mit welchen Coachs sie in der engeren Auswahl sind.

Unternehmen 1 hat sich von Herrn Professor Geißler, einem Coaching-Experten, bei dem Aufbau des Coach-Pools und der Coach-Auswahl beraten lassen. Bei der Coachselektion empfiehlt die befragte Person, sich mit Herrn Professor Geißler, Herrn Rauen oder Herrn Middendorf, alles ihresgleichen Coaching-Experten, auszutauschen, da der Coaching-Markt sehr unübersichtlich ist und ohne professionelle Hilfe die für einen solchen Prozess verantwortliche Personalmitarbeiter ansonsten überfördert wäre.

9.1.5 Die Auswahlmethoden und –instrumente

Im Rahmen des Auswahlprozesses werden zusätzlich schriftliche Unterlagen und Referenzen überprüft. Zu jedem Coach, der sich persönlich beim Unternehmen 1 vorstellt, wird ein Kurzprofil erstellt. Des Weiteren wird mit jedem Coach ein Einzel-Assessment inklusive Interview sowie eine Simulation einer Coaching-Situation durchgeführt; zuvor findet eine kurze Selbstpräsentation statt, bei der sich der Coach den Auditoren vorstellt. Im Interview werden vertieft Fragen zur Person gestellt und verschiedene Themen sowie auch die Annahmen des Coachs geprüft. Im Probecoaching geht es darum zu überprüfen, wie flexibel der Coach in der Situation ist, wie er das Thema angeht und bearbeitet, wo er seine Grenzen zieht und als Coach zu einer Lösung kommt. Das Probecoaching basiert hierbei auf einem beruflichen Problem aus dem Unternehmensalltag - dies stellt eine Konfliktsituation dar, die eine Führungskraft betreffen könnte, wobei ein Personalmitarbeiter die Rolle der Führungskraft in der Übung übernimmt. Der Coach muss, nachdem ihm das Setting geschildert wurde, dann zeigen, wie er den Prozess startet und wie er bei der Bearbeitung des Falls vorgeht. Dabei wird auch die Einhaltung der Grenze zwischen Coaching und Therapie im Rahmen dieser Übung getestet. Das persönliche Erleben des Coachs im Probecoaching findet die befragte Person sehr wichtig, da man hier einen ersten Eindruck gewinnen kann, wie sich ein Coach in einer realen Coaching-Situationen verhält - dies wäre nicht ausschließlich mithilfe eines Interviews herauszufinden.

9.1.6 Der Evaluierungsprozess

Nach zwei bis drei Jahren sollte man, so die befragte Person, die Maßnahme Coaching im Unternehmen als Ganzes evaluieren und prüfen, warum manche Coachs von internen Kunden besser bewertet werden als andere. Die Gründe können häufig von Einzel-Bewertungen nicht ausschließlich abgeleitet werden und sind im Gesamtkontext zu erfassen. Momentan ist das Unternehmen, nach Einschätzung der interviewten Person, mit den Coaching-Aktivitäten zufrieden, wobei als Großorganisation nicht immer die gewünschte Flexibilität im Rahmen der Einsatzplanung gewährleistet werden kann. Dabei kann es passieren, dass zeitgleich mehrere Coaching-Anlässe an einem Standort angefragt werden und nicht genügend Coachs zur Verfügung stehen. Dies hängt davon ab, dass die Coachs meistens auch für anderen Unternehmen tätig und somit nicht immer ‚ad-hoc' einsatzfähig sind.

Die einzelnen Coaching-Prozesse werden wie folgt evaluiert: Nach jedem Coaching-Prozess bekommt der Coachee einen Evaluationsbogen ausgehändigt, in dem er beschreiben soll, ob das Coaching zielführend bzw. gewinnbringend für ihn war; dabei werden keine Coaching-Inhalte abgefragt. Des Weiteren wird die Führungskraft des Coachees befragt, die den Anfang des Prozesses bzw. die Auftragsklärung begleitet hat, ob sich eine Veränderung im Mitarbeiterverhalten vollzogen hat. Zur Erhebung der

Verhaltensänderung werden vom Unternehmen 1 auch 360°-Feedbackprozesse eingesetzt.

9.1.7 Zusatzinformationen: Coaching-Implementierung im Unternehmen

Die befragte Person findet es wichtig, bei der Implementierung von Coaching im Unternehmen eine sehr transparente Kommunikation darüber zu fördern, was die Maßnahme Coaching überhaupt ist, was diese bewirkt und welche Zielsetzungen mit dieser verbunden werden. Dabei ist es wichtig, Coaching eindeutig als Entwicklungsmaßnahme herauszustellen und die Durchführung dieser Maßnahme mit guten Leistungsträgern zu beginnen. Des Weiteren ist die Betreuung der Führungskräfte, die Coaching in Anspruch nehmen bzw. nehmen möchten, ebenfalls sehr wichtig, da derzeit noch eine Verunsicherung über den Einsatz von Coaching als Maßnahme herrscht. Den Mitarbeitern beim Unternehmen 1 steht eine Coaching-Broschüre zur Verfügung, in der auch die Coachprofile aufgeführt sind. Bei einem konkreten Coaching-Anlass wählt der Mitarbeiter mithilfe eines Leitfadens, der aus sieben bis acht Fragestellungen besteht, zwischen zwei von den Coaching-Verantwortlichen empfohlenen Coachs aus. Sollten diese zwei Coachs sich als persönlich nicht passfähig darstellen, kann der Mitarbeiter einen weiteren Coach aus dem Coach-Pool auswählen.

Bezüglich der Größe des Coach-Pools sollte man, so die befragte Person, abwägen, dass die Größe des Coach-Pools Einfluss auf Aspekte wie Qualität, Information und Transparenz haben kann. Dabei ist es für Unternehmen 1 wichtig, mit den Coachs in Kontakt zu bleiben. Aus diesem Grunde werden vom Unternehmen 1 regelmäßige sogenannte Coaching-Days organisiert, die als Austausch- und Informationsforum angeboten werden und wo sich die im Unternehmen aktiven Coaches treffen. In diesem Rahmen werden auch Coaching-Experten eingeladen, um neue Instrumente, oder Entwicklungen zum Thema Coaching vorzustellen. Dabei werden auch die Erfahrungen der Coachs im Unternehmen 1 reflektiert, hier im Sinne einer Supervision für die Coachs und fließen in die Qualitätssicherung für das Unternehmen ein. Zunächst war der Coaching-Day eine Eintagesveranstaltung, bei der die im Unternehmen 1 zum Tragen kommenden Coaching-Prozesse dargestellt wurden. Im Rahmen dieses Einführungstags, an dem jeder Coach, der beim Unternehmen 1 im Coach-Pool registriert ist, teilgenommen hat, werden die Rahmenbedingungen und das Unternehmen mit seinen Führungsstrukturen, Kompetenzen, ethischen Grundsätzen, etc. präsentiert. Die vollständigen Informationen zu dieser Einführung werden den Coachs zusätzlich auf einer CD-ROM übermittelt. Mittlerweile dauern die Coaching-Days, so die befragte Person, immer eineinhalb Tage, um auch das Netzwerk unter den Coachs mit dieser Veranstaltung zu fördern. Im Rahmen dieser Veranstaltung werden Erfahrungswerte ausgetauscht, Fälle diskutiert und eventuelle Optimierungsbedarfe diskutiert sowie Feedback von den Coachs eingeholt. Zusätzlich zu diesen Infoveranstaltungen erhalten die Coachs auch regelmäßig die Mitarbeiterzeitung des Unternehmen 1.[227]

9.2 Ergebnisse Unternehmen 2

9.2.1 Organisatorische Rahmenbedingungen

Beim Unternehmen 2 ist das Themenfeld Coaching in der Personalentwicklung angesiedelt und wird von zwei Personen bearbeitet. Das Thema Coaching ist seit zirka zehn bis fünfzehn Jahren im Unternehmen präsent.

9.2.2 Die Anforderungen an den Coach

Die Anforderungen an externe Coachs umfassen sowohl thematisch verschiedene Stärkenfelder, hier im Sinne von Coaching-Schwerpunkten, sowie idealerweise auch eine breite Methodenkompetenz; dabei ist eine Spezialisierung in den Methoden Transaktionsanalyse oder Neurolinguistisches Programmieren (NLP) nachzuweisen. Der Coach sollte selber aus dem Business kommen und über fundierte Erfahrungen als Business Coach verfügen. Wünschenswert sind ebenfalls Erfahrungen im Bereich ‚Executive Coaching', d.h. im Coaching vom Top Management, sowie in der strategischen Beratung von neuen Führungskräften. Idealerweise sollten die Coachs

---

[227] Es sei an dieser Stelle darauf hingewiesen, dass die dargestellten Ergebnisse sich auf den Aufbau des Coach-Pools bei Unternehmen 1 im Jahr 2006 beziehen.

auch über einen interkulturellen Hintergrund verfügen sowie über Erfahrungen mit internationalen Unternehmen und in der Anwendung der englischen Sprache sicher sein. Coachs mit Erfahrungen in verschiedenen Schwerpunktthemen wie Work-Life-Balance, Performance Management und Konfliktmanagement sind beim Unternehmen 2 gefragt. Bei der Suche nach Sales Coachs respektive Sales Consultants wird darauf geachtet, dass diese aus dem Fachbereich kommen.

9.2.3 Die Vorauswahl

Im Rahmen der Vorauswahl findet bei Unternehmen 2 zunächst ein erstes unverbindliches Telefonat statt. Stuft die beim Unternehmen 2 für Coaching verantwortliche Person das Gespräch als interessant ein und geht dieses in die gewünschte Richtung, wird der Coach zu einem persönlichen Gespräch eingeladen. Vor diesem persönlichen Termin erhält der Coach einen Fragebogen, mit der Bitte, diesen im vorhinein zum persönlichen Gespräch zu beantworten. Dieser Bogen enthält Fragen zu persönlichen Daten, zum Qualifikationsprofil des Coachs, seiner Ausbildung, dem Studium, zu weiteren Qualifikationen und Beratungsschwerpunkten, zum Trainingsstil des Coachs, zu eventuell vorhandenen Referenzen bei Unternehmen 2 und bei anderen Unternehmen, zu nationalen bzw. internationalen Kooperationspartnerschaften, zu den Kosten der Coaching-Dienstleistung sowie zu zusätzlichen Qualifikationen oder Erfahrungen, wie z.B. im Bereich Work-Life Balance oder mit Blended Learning.

9.2.4 Der Auswahlprozess

Im Fokus der Auswahl stehen die Qualifikationen der Coachs und deren Coaching-Schwerpunkte im Abgleich mit dem vorhandenen Bedarf im Unternehmen. Coachs für den Coach-Pool werden entsprechend ihrer thematischen Stärken und ihrer individuellen Profile ausgewählt und in den Coach-Pool aufgenommen.

Bei Unternehmen 2 werden Coachs sowohl für den Coach-Pool, wie bereits angedeutet, als auch für die konkrete Beratung von Einzelpersonen ausgewählt. Im Falle der

Rekrutierung von Coachs für den Coach-Pool werden mehrere Coachs zu einem persönlichen Gespräch eingeladen, um deren Coaching-Schwerpunkte und – Kompetenzen im Abgleich mit dem spezifischen Bedarf des Unternehmens zu überprüfen. In den persönlichen Teil des Auswahlprozesses wird hierbei eine zweite Person aus der Personalentwicklung und gegebenenfalls auch Kollegen aus der Personalbetreuung hinzugezogen. Bei einer Einzelanfrage bzw. einem konkreten Fall findet die Auswahl zusammen mit dem Auftraggeber, d.h. mit dem jeweiligen Fachbereich statt; hier werden dann zwei bis drei Coachs gemeinsam interviewt und entsprechend den Anforderungen des konkreten Falls ausgewählt.

9.2.5 Die Auswahlmethoden und – instrumente

Die eingesetzten Auswahlmethoden bei Unternehmen 2 sind ein telefonisches Gespräch, ein Vorab-Fragebogen sowie ein persönliches Interview, das auch die Bearbeitung eines Coaching-Falls beinhaltet. Bei einem konkreten Coaching-Anlass wird das Problem des Coachees geschildert und in einer Art ‚Arbeitsprobe' vom Coach kurz bearbeitet. Dabei wird seitens der Beobachter evaluiert, wie der Coach mit dem Coachee verfährt, d.h. es wird analysiert, wie er den Coaching-Anlass bearbeiten will, welche Fragen er dem Coachee stellt und wie die Gesprächspartner miteinander harmonieren. Im Anschluss an dieses Vorgehen wird dann ein Coach entsprechend ausgewählt.

Werden die Coachs für den Coach-Pool selektiert, so wird an dieser Stelle entsprechend mit einem fiktiven Fallbeispiel gearbeitet. Zusätzlich findet gegebenenfalls eine Referenzprüfung statt.

9.2.6 Der Evaluierungsprozess

Die befragte Person bezeichnet den etablierten Auswahlprozess für externe Coachs als effizient.

9.2.7 Zusatzinformationen: Coaching-Implementierung im Unternehmen

Der Interviewpartner findet das Thema ‚Wie suche ich kompetente Coachs am Markt' relevanter als das Thema ‚Auswahlprozesse für externe Coachs'. Dies liegt darin begründet, dass die Coachs, die sich beim Unternehmen 2 bewerben, meistens noch in der Aufbauphase ihrer Selbstständigkeit sind, Akquisition betreiben und nicht unbedingt die erfahrensten Coachs sind. Demnach steht für Unternehmen 2 die Frage im Raum, wie man kompetente Coachs am Markt identifiziert- dies unter Berücksichtigung fehlender Standardisierungen im Bereich der Coaching-Ausbildungen und des Berufsbilds.

9.3 Ergebnisse Unternehmen 3

9.3.1 Organisatorische Rahmenbedingungen

Das Thema Coaching ist beim Unternehmen 3 im Personalbereich angesiedelt und wird von zwei Personen bearbeitet– einem Mitarbeiter aus der Personalentwicklung zusammen mit einem Kollegen aus der Mitarbeiter, Führungs- und Teamberatung, der sogenannten Sozialberatung. Beide Personen sind im Bereich Coaching erfahren und haben eine Coaching-Ausbildung absolviert. Eine der beiden Personen coacht auch selbst und verfügt über Kontakte zu renommierten Coachs. Die zwei für Coaching verantwortlichen Mitarbeiter bearbeiten das Thema nur zu einem Teil ihrer Arbeitszeit.

Coaching wird seit einigen Jahren im Unternehmen 3 angeboten und als ein mit Qualitätskriterien standardisierter Prozess seit 2005 im Unternehmen gelebt. Im Coach-Pool, der als ‚Qualitätswerkzeug' verstanden wird, befinden sich derzeit zirka achtzig Coachs. Dabei werden die Coachs für den Coach-Pool nach Themengebieten ausgewählt. Über diesen Coach-Pool werden die Coach-Kapazitäten des Unternehmens geprüft sowie die Evaluierung der Coaching-Prozesse vorgenommen, wobei die Ergebnisse der Evaluierungen wieder in Empfehlungen für zukünftige Coaching-Aktivitäten einfließen.

9.3.2 Die Anforderung an den Coach

Die Anforderungen an den Coach beim Unternehmen 3 beinhalten neben einer akademischen Ausbildung und einer Coaching-Ausbildung fundierte Berufs- und Coaching-Erfahrungen. Dabei spielt die Business-Erfahrung des Coachs ebenso eine bedeutsame Rolle. Idealerweise sollte der Coach auch über Erfahrungen aus dem Branchenumfeld von Unternehmen 3 verfügen. Weitere Anforderungskriterien an den Coach sind ein ‚passendes' Menschenbild, gute theoretische Ansätze und Methodiken sowie ein zum Unternehmen passenden Qualitätsverständnis, ein guter Umgang mit Interessenskonflikten und ein Alleinstellungsmerkmal seiner Dienstleistung bzw. besondere Schwerpunkte wie Konflikttraining, Mediation oder Kommunikation. Weitere Ansprüche an Coachs, die beim Unternehmen 3 als solche tätig sein möchten, stellen die Passung mit einem Großunternehmen, der persönliche Eindruck beim Interview, die Transparenz über sein Vorgehen beim Coaching sowie Aspekte wie Vertraulichkeit und Kompetenz dar. Hinsichtlich des Coaching-Ansatzes wird ein eher lösungsorientierter als ein analytischer Beratungsansatz präferiert, um unter anderem zu gewährleisten, dass Coaching nicht in eine Art Therapie übergeht. Ebenfalls geprüft werden die Dauer und Inhalte von Zusatzausbildungen und Weiterbildungen (z.B. in Supervision) sowie das Institut, wo diese absolviert wurden. Weitere Kriterien, die eine Rolle spielen und überprüft werden, sind etwaige Erfahrungen in der Personal- und Organisationsentwicklung, eigene Supervisions-Erfahrungen, die Kundenstruktur und Zielgruppen der Coachs sowie deren organisatorische Eingliederung, etwaige eigene Führungserfahrungen als auch das eigene professionelle Netzwerk. Alle Auswahl- bzw. Qualitätskriterien sind dabei auf die Kultur des Unternehmens 3 abgestimmt und mit dem Unternehmensleitbild verknüpft und somit auf die Kenntnisse, Erfahrungen und Fähigkeiten ausgerichtet, die das Unternehmen auch tatsächlich erwerben will.

9.3.3 Die Vorauswahl

Im Interview wurden keine konkreten Informationen über den Vorauswahlprozess beim Unternehmen 3 gewonnen.

9.3.4 Der Auswahlprozess

Der Auswahlprozess besteht aus einem Interview und eventuell aus einem Rollenspiel, das situativ bzw. bei Bedarf eingesetzt wird und eine Problemsituation simuliert, die als eine Art ‚Arbeitsprobe' für ein reales Coaching herangezogen wird. Die Coachs werden hauptsächlich für den Coach Pool und nur in ganz seltenen Einzelfällen für den konkreten Coaching-Bedarf eines einzelnen Mitarbeiters ausgewählt. Der Auswahlprozess wird dabei von den zwei Coaching-Verantwortlichen durchgeführt. Dabei werden im Rahmen dieses Prozesses auch Referenzen des Coachs geprüft.

9.3.5 Die Auswahlmethoden und –instrumente

Ausgewählt wird mittels eines (halb-)strukturierten Selektionsinterviews. Dabei werden immer die gleichen Fragen gestellt und spontane, individuelle Fragestellungen situativ ergänzt. Diese sind verhaltensorientierte, offene Fragestellungen, die auf Situationsbeschreibungen sowie das gezeigte Verhalten abzielen und auf das Handlungsergebnis ausgerichtet sind. Ergänzt wird dieses Vorgehen bei Bedarf durch ein kurzes Rollenspiel, das eine Coaching-Situation simuliert und eine konkrete Problemsituation beinhaltet. Diese Übung dauert zirka zehn Minuten und wird eingesetzt, wenn Fragen bezüglich des Coachs offen geblieben sind. Dabei kann beispielsweise die Vorgehensweise im Coaching oder die Passung zur Unternehmenskultur nochmals geprüft werden. Bei der Selektion von renommierten und sehr erfahrenen Coachs wird auf diese Art der Auswahlmethode verzichtet.

9.3.6 Der Evaluierungsprozess

Der Erfolg des Coachings wird über einen Evaluations- bzw. Feedbackbogen erhoben, der Auskunft über die Zufriedenheit der gecoachten Führungskraft mit dem Ablauf des Coachings gibt. In diesem Zusammenhang wird vor jedem Coaching-Prozess eine Zielvereinbarung getroffen, wobei die Evaluierung nach drei bis vier Monaten im Nachgang zum Coaching stattfindet, so dass die gewünschten Entwicklungsprozesse auch messbar sind. Die Zufriedenheit mit dem Auswahlprozess wird über Rückmeldungen aus dem Evaluationsprozess ermittelt.

9.3.7 Zusatzinformationen: Coaching-Implementierung im Unternehmen

Die befragte Person empfiehlt einen hohen Wert auf Coaching zu legen, da die Nachfrage auf Seiten der Mitarbeiter zunehmend steigt und somit eine professionelle Bearbeitung dieses Themas mit qualifizierten Personen notwendig wird. Dies sollte von einer zentralen Organisation, der Personalentwicklung, gesteuert werden. Dabei sollte Coaching jedoch nur prozessbezogen, aber nicht inhaltlich koordiniert werden, um die Vertraulichkeit dieser Maßnahme zu wahren. Für diese Aufgabe benötigen die Coaching-Verantwortlichen somit ausschließlich nur Informationen über das Themengebiet des jeweiligen Entwicklungsprozesses. Diese Forderung nach Vertraulichkeit gilt auch für die Führungskraft des Coachees - diese soll keine Rückmeldung zu den konkreten Coaching-Inhalten erhalten. Beim Unternehmen 3 wird nur der Coaching-Prozess und die Zielerreichung kontrolliert, d.h. es wird beispielsweise darauf geachtet, dass die Anzahl der vereinbarten Coaching-Sitzungen eingehalten und die sechs bis acht Termine nicht überschritten werden. Coaching-Prozesse, die über dieses Zeit-Kontingent hinaus laufen, verlagern sich, gemäß den Erfahrungen des Befragten, auf den Persönlichkeitsbereich des Coachees; dies möchte das Unternehmen 3 nicht unterstützen. Coaching beim Unternehmen 3 ist als eine systemisch ausgerichtete, ergebnis- und business-orientierte Kurzzeit-Maßnahme zu verstehen. Damit wird ausdrücklich vermieden, dass Coaching in das Feld der Therapie abgleitet.

Des Weiteren fordert die befragte Person eine klare Trennung zwischen Coaching und anderen Dienstleistungen wie Organisationsentwicklung und Change Management einzuhalten. Erfahrungsgemäß werden aus anderen Themen Coachings gerne abgeleitet und ein Bedarf künstlich kreiert. Ein weiterer Punkt, der geklärt werden sollte, betrifft die Frage nach der Kostenverteilung der Coaching-Aktivitäten. Zu klären gilt dabei, ob die Maßnahme Coaching von der Personalabteilung oder vom Fachbereich getragen wird.

9.4 Ergebnisse Unternehmen 4

9.4.1 Organisatorische Rahmenbedingungen

Das Thema Coaching wird von einem Team bestehend aus einem Leiter, einem Assistenten, fünf Coachs und Coaching-Beratern und einem Doktorand bearbeitet. Das Team ist in einer eigenständigen Organisationseinheit, die alle konzernweiten Personalentwicklungsthemen verantwortet, angesiedelt. Die Maßnahme Coaching wird seit 1996 im Unternehmen 4 eingesetzt. Es existiert ein konzernweiter Coach-Pool, der mehr als 300 Coaches umfasst, wobei zirka 100 Coaches regelmäßig für Coaching-Anlässe vom Team empfohlen werden.

9.4.2 Die Anforderungen an den Coach

Die Anforderungen von Unternehmen 4 an externe Coachs umfassen Kriterien im Bereich der persönlichen Kompetenzen, der Sozialkompetenz, der professionellen sowie fachlichen Kompetenzen mit jeweils entsprechenden Subkategorien auf der Ebene der benannten Kompetenzfelder. Selbstreflexion, Authentizität, emotionale Stabilität sind hier als Subkategorien der Sozialkompetenz zuzuordnen, wobei Aspekte wie Mobilität oder Erreichbarkeit als Unterkategorie der professionellen Kompetenz zu betrachten sind. Insgesamt werden im Auswahlprozess vierzig bis fünfzig verschiedene Variablen in den unterschiedlichen Auswahlübungen erfasst. Darüber hinaus gibt es für jede Übung nochmals Spezialdimensionen, die ebenfalls als besondere Auswahlkriterien in die Gesamtbewertung einfließen. Bei der Auswertung der Selbstpräsentation sind die Gestik und Mimik als solche Spezialdimension zu betrachten.

Die Kriterien der Vorauswahl umfassen Aspekte wie ausreichende Coaching-Erfahrung, eigene Qualitätssicherung über Supervision, aber auch zusätzliche Felder wie absolvierte Weiterbildungen, Veröffentlichungen und Vorträge. Darüber hinaus wird darauf geachtet, dass der Coach über eine entsprechende Spezialisierung in bestimmten thematischen Schwerpunkten verfügt.

Ein Berater, der beim Unternehmen 4 als Coach tätig sein möchte, muss jedoch nicht zwangsweise eine Coaching-Ausbildung absolviert haben. Eine Ausbildung in Supervision, systemischer Familien- oder Gestalt-Therapie gepaart mit entsprechender Berufserfahrung gilt hier als ausreichend. Alle möglichen Ausbildungsarten werden dabei nach dem Umfang und den Inhalten der Ausbildung sowie dem Ruf des Ausbildungsinstituts bewertet.

Weiterhin werden die Arbeitsschwerpunkte des Coachs, die Zielgruppe seiner Coaching-Aktivitäten, als auch seine ‚Unique Selling Proposition'- hier zu verstehen als das Alleinstellungsmerkmal seiner Dienstleistung- erfragt. Relevante Funktions- bzw. Branchenerfahrung spielen nicht zwingend eine Rolle, wichtig ist vielmehr wie der Coach bei der Bearbeitung seiner Coaching-Fälle vorgeht, was im konkreten Auswahlprozess mittels simulationsorientierter Übungen überprüft wird. Dabei wird beobachtet, wie flexibel ein Coach mit seinem Methodenrepertoire umgeht, wie seine Fragetechnik greift- ob er systemische Fragestellungen vorzieht-, wie er seine persönliche Haltung einbringt, ob er seinem Klienten genügend Raum lässt und wie er in der Hypothesenbildung vorgeht. In diesem Zusammenhang stellen weitere Anforderungskriterien an einen Coach eine ressourcenorientierte Arbeitsweise in Anlehnung an ein humanistisches Menschenbild, die Einhaltung von Diskretion, die Schaffung von Vertrauen, sowie gute Kommunikation, Kreativität und Vielfältigkeit dar.

9.4.3 Die Vorauswahl

Im Rahmen der Vorauswahl werden schriftliche Unterlagen vom Coach angefordert, d.h. alle Unterlagen, die auf die Coaching-Tätigkeit verweisen und die für eine erste Sichtung relevant sein können (z.B. Akquisitionsunterlagen, Coaching-Prokotolle, [die an Kunden explizit weitergegeben werden können], kleine Inputs, Flyer etc.). Ergänzend dazu erfasst das Unternehmen 4 das Coach-Profil über ein bestimmtes Raster, das eine Kurz-Vita, Arbeitsschwerpunkte des Coachs, ein Foto, etc. enthält.

9.4.4 Der Auswahlprozess

Beim Unternehmen 4 wird ein ganztägiges Coach-Audit durchgeführt. Dieses ist auf maximal vier Teilnehmer bzw. Coachs und mindestens vier Auditoren ausgelegt; dabei nehmen alle Coachs gleichzeitig teil. Als Auditoren sind mindestens vier Team-Mitarbeiter aus der für Coaching zuständigen Gruppe involviert, die alle Coaching-Spezialisten sind. Bei Bedarf werden zwei externe Berater, die entsprechend qualifiziert sind, in den Auswahlprozess involviert. Kunden oder Personal-Mitarbeiter aus den verschiedenen Geschäftsbereichen des Unternehmens nehmen nicht am Auswahlprozess teil.

Primär werden die Coachs für den konzernweiten Coach-Pool ausgewählt. Wenn keine geeigneten Coachs im Coach-Pool zur Bearbeitung besonderer Einzelfälle vorhanden sind, werden auch Coachs zur individuellen Beratung einzelner Mitarbeiter gesucht. Für die meisten Coaching-Anlässe, die im Bereich der Sozial- und Persönlichkeitskompetenz liegen, sind jedoch eine ausreichende Anzahl von Coachs bereits auditiert und im Pool aufgenommen worden, die entsprechend zur Verfügung stehen. Umgekehrt muss für spezielle Fachthemen bei Coaching-Anlässen häufig individuell nach einem geeigneten Berater gesucht werden. Dabei durchlaufen diese Coachs für spezielle Fachthemen nicht das oben angesprochene Coach-Audit, da hier nur für einen Einzelfall ein Berater akquiriert wird.

9.4.5 Die Auswahlmethoden und –instrumente

Im Rahmen des Auswahlprozesses beim Unternehmen 4 werden folgende Methoden und Instrumente eingesetzt: Eine Auswertung der schriftlichen Coaching-Unterlagen, eine Selbstpräsentation seitens des Coachs, das persönliche Auswahlinterview, das Rollenspiel und die Fallbearbeitung. Gelegentlich wird der Prozess durch eine zusätzliche Übung erweitert, indem beim Rollenspiel ein weiterer Coach als Beobachter involviert wird, der dann im Anschluss an die Übung ein Feedback über das beobachtete Rollenspiel gibt. Im gesamten Auswahlprozess werden von den Assessoren, wie bereits erwähnt, vierzig bis fünfzig Beobachtungsvariablen ausgewertet, die dann in eine abschließende Gesamtbeurteilung einfließen - diese wird auf praktischer Ebene über ein entsprechendes Diagramm erstellt.

Die Selbstpräsentation: Bei der Selbstpräsentation wird den am Audit teilnehmenden Coachs überlassen, welche Inhalte sie über sich und ihren Werdegang präsentieren. Dies können Aspekte zu ihrer Person sein, sowie zu ihrer Motivation als Coach tätig zu sein, aber auch Arbeitsschwerpunkte und Modelle, die in ihren Coaching-Aktivitäten zum Tragen kommen. Neben der Präsentation der Inhalte wird ebenfalls darauf geachtet, wie der Coach auftritt, verharrt er bei seiner Selbstpräsentation am Platz, agiert er lebendig und situativ und ob er unterstützende Medien einsetzt, um seine Präsentation vielfältig zu gestalten. Bei der Selbstpräsentation wird neben den allgemeinen Anforderungsvariablen, die für jede Übung gelten, besonders auf die Gestik und Mimik des Coachs geachtet.

Das Auswahlinterview: Die Coaching-Verantwortlichen von Unternehmen 4 führen ein teilstrukturiertes Interview mit den Coachs durch. In diesem Gespräch stützt man sich auf die bereits erwähnte Variablenliste und stellt dem Coach gezielte Fragen, die es den Interviewern ermöglichen, alle für eine Beurteilung relevanten Informationen zu erfassen. Das Interview ist auf einen Teilnehmer, den Coach, und zwei Auditoren ausgelegt. Es findet nach der Selbstpräsentation statt und dauert zirka eine Stunde. Dabei sind die Rollen der Assessoren klar verteilt: Ein Assessor führt das Interview und protokolliert dieses, der andere achtet vor allem darauf, dass alle relevanten Fragen gestellt und vom Coach beantwortet werden und ergänzt gegebenenfalls mit seinen Aufzeichnungen. Dabei umfassen die Fragen an den Coach Aspekte zu seinem Arbeitsschwerpunkt, zu seiner ‚Unique Selling Proposition'– dem Alleinstellungsmerkmal seiner Coaching-Leistung-, zur Qualitätssicherung seiner Coaching-Aktivitäten, sowie zu seinen Coaching- Erfahrungen und seiner Ausbildung.

Das Rollenspiel: Im Auswahlprozess fungiert das Rollenspiel als eine Art Arbeitsprobe und greift sowohl auf unternehmensinterne und fiktive Fälle zurück, die auch miteinander verknüpft sein können. Der Rollenspieler erhält hierbei zuvor eine schriftliche Instruktion. Das Rollenspiel dauert zirka fünfzehn Minuten, wobei der Coach praktisch und im realistischen Rahmen darstellen soll, wie er den Coaching-Prozess strukturiert, welche Methoden er einsetzt und welche Möglichkeiten zur Bearbeitung des Falls zusätzlich zur Verfügung stehen würden. Zielsetzung des Rollenspiels ist es, die Coaching-Haltung sowie die Arbeitsweise des Coachs sichtbar und damit bewertbar zu machen. Weitere Punkte, die bei der Bewertung des Rollenspiels zum Tragen kommen, sind, inwieweit der Coach die verschiedenen Lebensbereiche des Coachees betrachtet, wie er seine Fragetechnik einsetzt, ob er systemische Fragestellungen einfließen lässt, wie schnell er die Diagnostik abschließt und Hypothesen bildet und welche Methoden er zu diesem Rollenspiel heranzieht. Bei dieser breiten Betrachtung der Übung werden, laut der befragten Person, zeitnah bestimmte persönliche Haltungen deutlich, ob beispielsweise jemand sehr rigide vorgeht und dem Klienten wenig Raum lässt.

Das Feedback: Für diese Übung wird ein weiterer zu auditierender Coach als zusätzlicher Beobachter ins Rollenspiel involviert. Im Mittelpunkt steht hierbei das Feedback dieses zusätzlichen Beobachters zum Rollenspiel, wobei dieser seine Wahrnehmung hinsichtlich der Arbeitsweise des Rollenspielers, hier zu verstehen als Simulation einer Beratungssituation, rückmeldet. Dabei können an dieser Stelle auch Empfehlungen ausgesprochen werden, wie eine verbesserte Vorgehensweise seitens des Rollenspielers aussehen könnte. Mit dieser Übung erhalten die Coaching-Verantwortlichen von Unternehmen 4 sowohl Einblick in die Arbeitsweise des rollenspielenden Coachs, als auch in die Feedbackqualitäten des als zusätzlichen Beobachter im Rollenspiel eingesetzten Coachs.

Die Fallbearbeitung: Ein weiterer Baustein des Auswahlprozesses stellt die Fallbearbeitung dar. Diese baut auf dem Rollenspiel auf und ist eine Art Weiterführung der Rollenspiel-Übung. Auf Basis der vorhandenen Informationen, die der Coach aus den schriftlichen Instruktion und im Laufe des Rollenspiels gewonnen hat, soll ein Falldesign entwickelt und anschließend präsentiert werden. Dabei soll der Coach herausarbeiten, wie er im gesamten Coaching-Prozess vorgehen würde, als auch ein realistisches Zeitbudget veranschlagen. Der Coach ist hierbei gefragt, erneut seine methodische Kompetenz unter Beweis zu stellen, als auch Selbstreflexion zu demonstrieren, indem er seine Leistung im Rollenspiel kritisch hinterfragt und diese im Rahmen der Fallbearbeitung weiterführt.

9.4.6 Der Evaluierungsprozess

Die im Unternehmen 4 für Coaching verantwortliche Person ist mit dem Auswahlprozess zufrieden. Der Auswahlprozess wird im wesentlichen anhand von ‚Feedback-Ratings' evaluiert, die nach der Durchführung der Coaching-Prozesse für jeden einzelnen Coach ermittelt werden. Dies spricht dafür, dass der Auswahlprozess gemessen wird und ein entsprechendes Monitoring erfolgt.

9.4.7 Zusatzinformationen: Coaching-Implementierung im Unternehmen

Die befragte Person empfiehlt bei der Implementierung von Coach-Auswahlprozessen, sich entsprechend beraten zu lassen. Dabei sind Erfahrungen im Aufbau von Coach-Pools als auch in der Durchführung von Coach-Auswahlprozessen relevant. Auch kleineren Unternehmen empfiehlt sie, einen ausführlichen Coach-Auswahlprozess durchzuführen oder durchführen zu lassen.
Das Unternehmen 4 bietet auch Beratungsdienstleistungen im Bereich Coaching für andere Unternehmen an.

9.5 Ergebnisse Unternehmen 5

9.5.1 Organisatorische Rahmenbedingungen

Bei Unternehmen 5 ist Coaching organisatorisch im zentralen Bereich Personalgrundsätze der Führungskräfteentwicklung auf Konzernebene, zwei Ebenen unter dem Personalvorstand, angesiedelt. Das Thema Coaching wird von der

Konzernleitung aus zentral von einer Person gesteuert. Im Rahmen von Projektansätzen unterstützen jedoch regionale Personalentwickler ebenfalls die Prozesse. Dabei geben beim sogenannten ‚Coaching-Review' die Führungskräfteentwickler Feedback zu den Coaching-Aktivitäten und den Coachs, die in ihren jeweiligen Bereichen tätig waren. Diese Rückmeldung ist die Basis für die weitere Zusammenarbeit mit den Coachs, die auch Einfluss auf die Verlängerung des Rahmenvertrages hat sowie für die Verbesserung bzw. für den weiteren Aufbau des Coach-Pools wichtig sein kann.

Der konzernweite Coach-Pool existiert seit 2005 und ist allen Vorstandsressorts und der Konzernleitung zugänglich. Vor Etablierung des konzernweiten Pools gab es, so die interviewte Person, bereits vereinzelte Aktivitäten in einzelnen Konzernbereichen, aber nicht mit diesem Grad der Transparenz und Systematisierung, wie dies aktuell der Fall ist.

Der konzernweite Coach-Pool des Unternehmens 5 wurde auf zwei Zielgruppen ausgerichtet, so dass im eigentlichen Sinne zwei Coach-Pools existieren. Dabei ist ein Coach-Pool auf das mittlere Management zugeschnitten, wobei der andere Pool auf das obere Management bzw. auf die Vorstandsebene gerichtet ist. In jedem Pool befinden sich zirka vierzig Coachs. Beide Pools werden alle zwei Jahre evaluiert und aktualisiert. Die Rahmenverträge mit den Coachs laufen über zwei Jahre.

9.5.2 Die Anforderungen an den Coach

Die Kernanforderungen an externe Coachs umfassen ein professionelles Auftreten sowie langjährige Coaching- und Führungserfahrung. Die Coachs müssen selbst als Führungskraft in einem Konzern tätig gewesen sein mit disziplinarischer Verantwortung für mittlere bis größere Teams sowie die Komplexität eines Konzerns verstehen. Wünschenswert wären u.a. Erfahrungen in einer vergleichbaren Branche, langjährige Erfahrungen im Management oder Beratungsbereich sowie internationale Erfahrungen. Des Weiteren gehören zu den Hauptkriterien eine Coaching-Ausbildung, fundierte Erfahrungen in Coaching-Prozessen, Supervision der eigenen Coaching-Aktivitäten und kontinuierliche Weiterbildung. Weiterhin umfassen die Anforderungen an den Coach bei Unternehmen 5 ein analytisches Verständnis, Empathie, Klarheit und Zielgerichtetheit, Flexibilität und Spontaneität, Verständnis für den Coachee, Befähigung des Klienten, seine Lösung selber zu finden und diese nicht vorgeben zu wollen. Weitere Kriterien stellen ein breites Methodenrepertoire dar, das zielgerichtet und situativ eingesetzt werden kann. Ebenfalls ist ein systemischer Coaching-Ansatz wichtig, eventuell ergänzt um eine Ausbildung in Transaktionsanalyse, Gestalttherapie oder Psychodrama. Von der Ausbildung her können dies Geisteswissenschaftler, Psychologen, Betriebswirte oder auch Volkswirte sein, wobei Betriebswirte und Volkswirte in der Regel Coaching-Anlässe erhalten, bei denen strategische Themen im Vordergrund stehen. Das Soll-Profil eines Coachs beinhaltet ebenfalls Kriterien wie Professionalität, ein klares Coaching-Verständnis sowie -konzept, Einhaltung der Grenze zwischen Coaching und Therapie, ein zum Unternehmen passendes Menschenbild sowie Vertraulichkeit und Diskretion. Es werden verschiedene Coachs mit diversen Persönlichkeiten gesucht, die entsprechend der unterschiedlichen Persönlichkeiten auf Kundenebene eingesetzt werden können. Des Weiteren spielen formale Kriterien wie die Höhe des Coaching-Honorars und die Mobilität des Coachs ebenfalls eine Rolle bei der Coach-Auswahl.

9.5.3 Die Vorauswahl

Der Bedarf an Coachs wird vom Unternehmen 5 offiziell ausgeschrieben und es findet im Vorfeld zum eigentlichen Auswahlprozess ein erstes ‚Screening' statt. Dieses umfasst die Erfassung der Daten und Kompetenzen des Coachs in einem standardisierten Profil. Hier werden vom Unternehmen 5 fünf vordefinierte Coaching-Anlässe erfasst, hier zu verstehen als Coaching-Themenfelder zu denen sich die Coachs zuordnen müssen, um eine Aussage darüber treffen zu können, welche Themenfelder von ihnen abgedeckt werden können.
Des Weiteren werden die möglichen regionalen Einsatzorte der Coachs erfasst und der Preiskorridor für eine Coaching-Leistung abgefragt.

9.5.4 Der Auswahlprozess

Im Rahmen des Ausschreibungsprozesses werden standardmäßig ein bis zwei Referenzunternehmen abgefragt, wobei diese Referenzen mit Zustimmung des Coachs geprüft werden. Dabei wird die Zufriedenheit des Referenzgebers mit der Coaching-Leistung systematisch erfragt.

Die Basis des Auswahlprozesses stellt ein Einzel-Audit bzw. ein leitfadengestütztes Auswahlgespräch dar. Dieses dauert ca. zwei Stunden und wird von mehreren Personen des Personalbereichs durchgeführt. Zu Beginn des Audits findet eine Begrüßung bzw. Vorstellungsrunde und die Erläuterung des Vorgehens statt. Dann erhält der Coach die Gelegenheit, sich selbst bzw. seinen beruflichen Werdegang zu präsentieren. In diesem Zusammenhang werden keine Vorgaben seitens der Auditierenden gemacht, sondern es wird dem Coach freigestellt, wie er sich präsentiert. Während der Selbstpräsentation werden in der Regel folgende Themen angesprochen: Die Ausbildung des Coachs, sein Coaching-Verständnis, die Struktur seiner Coaching-Prozesse und das Vorgehen des Coachs, Zielgruppen, Schwerpunkt-Themen, Branchen, Methodenrepertoire sowie Kernkompetenzen neben dem Coaching. In der Regel bringen die Coachs eine Präsentationsmappe zu dem Audit mit oder schicken diese im Vorfeld zu.

Im Anschluss an diese Vorstellung findet die Bearbeitung eines Fallbeispiels statt, das von den Auditoren vorgegeben wird. Danach werden von den Auditoren zwanzig Minuten lang Critical-Incident-Fragestellungen zum herausforderndsten Coaching-Fall des vergangenen Jahres gestellt. Diese zwei Elemente des Audits ermöglichen, das Vorgehen des Coachs im Coaching-Prozess zu betrachten. Nach Abschluss des Audits findet eine Beobachterkonferenz statt, wo ein Austausch zwischen den Gesprächsteilnehmern stattfindet. Die gewünschten Soll- und Kann-Kriterien werden mit den Coachkompetenzen, die auf einem Dokumentationsbogen erfasst werden, abgeglichen. Entspricht der Coach dem gewünschten Profil, wird er in den Coach-Pool aufgenommen.

Im Anschluss an das abgeschlossene Audit wird dem Coach ein Feedback gegeben. Dieses erfolgt jedoch ein paar Tage nach dem Coach-Audit und enthält eine Rückkopplung zum erlebten Auswahlprozess und zur Entscheidung, ob der Coach in den Pool aufgenommen wird und wie sich in einem solchen Fall das weitere Vorgehen gestalten würde.

9.5.5 Die Auswahlmethoden und –instrumente

Für das Audit wurde ein Leitfaden mit spezifischen Fragestellungen entwickelt. Im zweiten Teil wird ein von den Auditoren vorgegebenes Fallbeispiel herangezogen und im Anschluss daran anhand von Critical-Incidence-Fragen der herausforderndste Coaching-Fall des vergangenen Jahres evaluiert. Dabei werden die Coaching-Methoden und das Vorgehen des Coachs im Coaching-Prozess überprüft. Beim Fallbeispiel stehen Themen wie Spontaneität und Flexibilität des Coachs im Vordergrund, um zu evaluieren, wie er mit der konkreten Situation umgeht.

Aus diesen Übungen werden dann die Erfahrungen des Coachs von den Beobachtern abgeleitet und überprüft, ob das was er zuvor im Gespräch über seine Praxis berichtet hat, auch praktische Anwendung während des Fallbeispieles gefunden hat.

9.5.6 Der Evaluierungsprozess

Der Erfolg des Auswahlprozesses wird anhand der Zufriedenheit der gecoachten Führungskräfte festgemacht, die bislang, so die befragte Person, viel positives Feedback gegeben haben.

Die für Coaching verantwortliche Person bei Unternehmen 5 ist mit dem eingesetzten Auswahlprozess zufrieden; ein Assessment-Center - als Laborsituation – ist, nach ihrem Ermessen, nicht geeignet für den Prozess der Coachselektion. Eine Einschätzung des Coachs kann besser anhand von Praxisberichten und Fallbeispielen vorgenommen werden.

Der Coaching-Prozess selbst wird mittels eines Feedbackbogens evaluiert, wobei dieser der gecoachten Führungskraft, dem jeweiligen Vorgesetzten und dem Coach ausgehändigt wird.

9.5.7 Zusatzinformationen: Coaching-Implementierung im Unternehmen

Hinsichtlich des Ablaufs des Coaching-Prozesses stellt der Personalbereich bei Bedarf seitens des Fachbereichs bzw. seitens der Führungskraft, zwei bis drei Coachprofile zur Verfügung. Zuvor ist ein Beratungsgespräch zwischen Personalbereich und Führungskraft geführt worden, in welchem evaluiert wurde, ob Coaching die geeignete und zielgerichteste Maßnahme für das Thema bzw. den Entwicklungsanlass der Führungskraft ist. Aus den zwei bis drei Coachprofilen wählt der interne Kunde dann Coachs für ein persönliches Gespräch aus. Nach zwei bis drei persönlichen Gesprächen fällt dann i.d.R. die Entscheidung, mit welchem Coach die Führungskraft zusammenarbeiten möchte. Auf Basis dieser Entscheidung wird dann eine Coaching-Vereinbarung zwischen Coach und Coachee getroffen, in der die Ziele für den Coaching-Prozess vereinbart werden, d.h. welches Ziel bzw. Ergebnis am Ende des Prozesses erreicht und wie dies messbar gemacht werden soll.

Diese Vereinbarung ermöglicht dem Coaching-Verantwortlichen im Personalbereich, somit den Prozess entsprechend zu evaluieren. Diese Evaluierung kann sowohl in der Mitte des Coaching-Prozesses oder auch am Ende des Prozesses über einen Feedbackbogen durchgeführt werden. Dabei wird die Führungskraft befragt, wie sie den Prozess erlebt hat, d.h. die Zusammenarbeit mit dem Coach, die Coaching-Maßnahme an sich, die Zufriedenheit mit dem Coaching-Prozess, die Person des Coachs und dessen methodisches Vorgehen und ob sie den Coach weiterempfehlen würde. Es werden hier keine Inhalte hinterfragt; diese sind vertraulich und ausschließlich Thema zwischen Coachee und Coach.

Ebenso werden dem Coach und dem Vorgesetzten der gecoachten Führungskraft ein Feedbackfragebogen ausgehändigt, die aus ihren Blickrichtungen den Prozess und das Ergebnis betrachten und mögliche Verbesserungsfelder benennen sollen. Dabei wird der Vorgesetzte des Coachees ebenfalls über dessen Verhaltensänderungen befragt und ob aus seiner Sicht die Maßnahme erfolgreich war.

9.6 Ergebnisse Unternehmen 6

9.6.1 Organisatorische Rahmenbedingungen

Im Unternehmen 6 ist Coaching im Bereich Personal- und Organisationsentwicklung angesiedelt. Das Thema Coaching wird von zwei Personen für das gesamte Untenehmen gesteuert. Die Maßnahme Coaching wird seit Eintritt der befragten Person im Unternehmen eingesetzt, d.h. seit dem Jahr 2001.

9.6.2 Die Anforderung an den Coach

Um als Coach beim Unternehmen 6 tätig sein zu können, muss der Berater über eine systemische Coaching-Ausbildung verfügen und entsprechend als Coach qualifiziert sein. Ergänzend dazu ist es entscheidend, dass der berufliche Hintergrund des Coachs der Fachorientierung des Coachees entspricht, d.h. für die Bearbeitung eines Coaching-Falls im Bereich Logistik, muss der Coach über entsprechende Logistikerfahrungen verfügen. Des Weiteren wird darauf geachtet, dass der Coach bereits auf einer vergleichbaren organisatorischen Ebene Erfahrungen gesammelt hat- hiermit sind die hierarchischen Ebenen gemeint. Eigene Führungserfahrungen sind nur gefragt, wenn der Coaching-Prozess im Bereich Führung thematisch angesiedelt ist. Darüber hinaus wird es begrüßt, wenn der Coach die Klienten-Organisation aus vorherigen Coaching-Prozessen oder anderen erbrachten Dienstleistungen bereits kennt.

9.6.3 Die Vorauswahl

Da die Coachvorauswahl sehr aufwendig ist, greifen die Coaching-Verantwortlichen primär auf Empfehlungen von Coachs aus dem eigenen professionellen Netzwerk zurück. Das Unternehmen betreibt somit keine unmittelbare, aktive Neuakquisition von Coachs.

9.6.4 Der Auswahlprozess

Im Unternehmen 6 werden die Coachs jeweils für einen konkreten Coaching-Anlass gesucht. Die Personalentwicklung führt hierbei zunächst ein Gespräch mit dem jeweiligen Mitarbeiter, um den konkreten Coaching-Bedarf zu erheben und sucht dann nach einem geeigneten Coach, insofern kein Coach bekannt ist, der das konkrete Thema bearbeiten könnte. Dabei greift die für Coaching verantwortliche Person auf das eigene professionelle Netzwerk zurück, um über Empfehlungen den geeigneten Coach zu rekrutieren.

Im Rahmen der Coach-Auswahl wird ein Gespräch mit dem Coach geführt und es werden zwei Referenzen zu Coaching-Aktivitäten seitens des Beraters geprüft.

Die befragte Person weist darauf hin, dass im Rahmen der Coach-Auswahlprozesse auf keine Auswahlverfahren zurückgegriffen werden, da sie selbst bereits über zwanzig Jahre in diesem Bereich aktiv ist und das Unternehmen 6 ebenfalls über fundierte Erfahrungen mit externen Coachs verfügt.

9.6.5 Die Auswahlmethoden und –instrumente

Nach Angaben der befragten Person wird für die Coach-Auswahl kein Auswahlverfahren angewandt. Während des Experteninterviews hat die befragte Person auf ein Gespräch mit dem Coach hingewiesen, das allerdings nicht mithilfe einer Checkliste durchgeführt wird.

9.6.6 Der Evaluierungsprozess

Die befragte Person ist mit dem eigenen Umgang bezüglich der Coachselektion zufrieden.

In die Evaluation des Coaching-Prozesses im Unternehmen 6 sind der gecoachte Mitarbeiter sowie die entsprechende Führungskraft involviert. Dabei wird ein Gespräch mit dem Mitarbeiter geführt, in dem keine inhaltlichen Details erfragt werden. Ist der

Mitarbeiter mit dem Coaching-Prozess und dem -Ergebnis zufrieden, wird auf die Evaluation mittels Feedbackbogen verzichtet. Ein solcher Evaluationsschritt war bislang, so die befragte Person, noch nicht notwendig gewesen. Zum anderen wird die Führungskraft des gecoachten Mitarbeitern befragt, ob eine entsprechende Verbesserung nach dem Coaching aufgetreten ist. Im Laufe des Coaching-Prozesses hinterfragt die für diesen Prozess verantwortliche Person in der Personalentwicklung nach zirka zwei bis drei Sitzungen, ob der Prozess sich zur Zufriedenheit des Mitarbeiters gestalten. Verläuft das Coaching-Projekt nicht wie gewünscht, kann dies an dieser Stelle vorzeitig abgebrochen werden.

9.6.7 Zusatzinformationen: Coaching-Implementierung im Unternehmen

Die befragte Person wünscht sich eine hohe Coaching-Kompetenz in der Personalabteilung, die durch eine Coaching-Ausbildung gewährleistet werden kann. Dadurch können die Coaching-Aktivitäten seitens der Personalabteilung besser koordiniert werden.

9.7 Ergebnisse Unternehmen 7

9.7.1 Organisatorische Rahmenbedingungen

Im Unternehmen 7 wird Coaching bereits seit den neunziger Jahren angeboten, zu diesem Zeitpunkt allerdings noch unsystematisch. Heute ist Coaching organisatorisch in einer zentralen Abteilung des Konzerns angesiedelt, die als Dienstleister für Qualifizierungsthemen auftritt und agiert, wobei die verschiedenen Geschäftsbereiche zur Zeit noch eigene Coaching-Aktivitäten vereinzelt steuern. Die befragte Person bearbeitet das Thema Coaching zu hundert Prozent ihrer Arbeitszeit und ist für den Coach-Pool des Konzerns verantwortlich. Unterstützung bei den verschiedenen Coaching-Aktivitäten erhält sie über einen konzerneigenen Expertenkreis, den diese Person auch leitet. Der im Jahr 2003 aufgebaute Coach-Pool besteht aus zirka vierzig bis fünfzig Coachs, die hauptsächlich im deutschen Sprachraum eingesetzt werden. Die befragte Person ist weltweit für das Thema Coaching zuständig, wobei sie auf internationaler Ebene mit Partnerorganisationen zusammenarbeitet, die qualifizierte Coachs vermitteln. Insgesamt arbeitet die befragte Person weltweit mit zirka achtzig bis einhundert Coachs zusammen und verfügt selbst auch über eine kurze Coaching-Ausbildung.

9.7.2 Die Anforderungen an den Coach

Die Anforderungen an Coachs, die beim Unternehmen 7 als solche tätig sein möchten, sind ein abgeschlossenes Hochschulstudium sowie eine Coaching-Ausbildung oder eine andere Weiterbildung, die für das Coaching qualifizierend sein kann wie beispielsweise, so die befragte Person, Transaktionsanalyse, Atemtherapie oder Hypnotherapie.

Ein weiteres Kriterium für den Einsatz als Coach beim Unternehmen 7 ist eine mehrjährige Coaching-Erfahrung, wobei seitens der Coaching-Verantwortlichen hinterfragt wird, in welchem Umfeld, auf welcher hierarchischen Ebene und in welcher Branche diese Erfahrungen gesammelt wurden. Für Coaching im Top-Management wird erwartet, dass die Coachs eigene Management- und Führungserfahrung sowie je nach Einsatzbereich auch internationale Erfahrungen nachweisen können. In welcher Branche die Coaching-Erfahrungen gesammelt wurden, ist nicht entscheidend für die Aufnahme in den Coach-Pool, da ein branchenübergreifender Austausch auch hilfreich sein kann. Über die formalen Kriterien hinaus, werden Aspekte wie der persönliche und professionelle Wertekanon des Coachs sowie dessen Menschenbild im Hinblick auf die Passung zum Unternehmen sowie zur Unternehmensphilosophie überprüft. Des Weiteren sollte der Coach über einen professionellen Auftritt verfügen, wobei dieser im persönlichen Auswahl-Kontakt evaluiert wird. Dabei wird darauf geachtet, wie der Coach sich darstellt und präsentiert und wie er mit kritischen Fragen und Stresssituationen umgeht.

Zusätzlich wird eine klare Aussage zur Abgrenzung von Therapie und Coaching erwartet sowie ein breites Methodenrepertoire (z.B. Business Aufstellungen, Theater-Ausbildung). Ebenfalls wünschenswert ist, dass der Coach über mehrere

Ausbildungsberufe verfügt (z.B. Naturwissenschaftler und Psychologe), dies ist aber nicht zwingend.

9.7.3 Die Vorauswahl

Anhand schriftlicher Coaching-Unterlagen und einem Profilbogen werden in der Vorauswahl die formalen Kriterien überprüft. Die Coachs werden oft von Dritten empfohlen oder sind bei den Mitarbeitern im Personalbereich bekannt.

9.7.4 Der Auswahlprozess

Beim Unternehmen 7 wird ein mehrstufiger Auswahlprozess für die Coach-Auswahl eingesetzt. Nach der Vorauswahl – der ersten Selektionsstufe im Prozess – findet ein persönliches Gespräch in Form eines zirka einstündigen, informellen Vorgespräches zwischen der für im Unternehmen 7 für Coaching zuständigen Person und dem Coach statt. Die dritte Stufe des Auswahlprozesses umfasst ein persönliches Interview inklusive einer Fallbearbeitung, wobei ein zweiter Gesprächspartner aus dem zuvor benannten Expertenkreis hinzugeladen wird. Dabei ist auch eine für den Auswahlprozess häufig entscheidende Frage, ob der Coach im Rahmen eines von ihm durchgeführten Coaching-Prozesses schon mal gescheitert ist.

9.7.5 Die Auswahlmethoden und –instrumente

Der erste Schritt im Auswahlprozess besteht in der Auswertung der schriftlichen Unterlagen des Coachs sowie der Überprüfung der formalen Kriterien anhand eines Soll-Profil-Fragebogens. In der zweiten Phase des Auswahlprozesses wird ein unstrukturiertes Vorab-Gespräch durchgeführt. Erst in der dritten Phase wird ein halbstandardisiertes Interview eingesetzt, wobei an diesem zwei Personen aus dem Unternehmen 7 teilnehmen. Das Interview besteht aus einem standardisierten Interviewteil über den bestimmte Themenfelder abgearbeitet werden. Dabei werden nur bestimmte Inhalte vorgegeben, es stehen aber keine vorformulierten Fragen zur

Verfügung. Des Weiteren beinhaltet das Interview eine fünfzehn- bis zwanzigminütige Fallbearbeitung über welche die Arbeitsweise des Coachs hinterfragt wird.

9.7.6 Der Evaluierungsprozess

Die befragte Person im Unternehmen 7 ist mit dem Auswahlprozess zufrieden. Der Erfolg des Auswahlprozesses wird über die Evaluierung des jeweiligen Coachings und teilweise über 360-Grad-Feedback-Befragungen ermittelt. Die Coaching-Prozesse werden von der für Coaching verantwortlichen Person überwacht und am Ende eines Coaching-Prozesses über Feedbackbögen evaluiert. Nach vier bis sechs Monaten findet ein persönliches Nachfassen seitens der befragten Person hinsichtlich der Erfolgszufriedenheit des Coachees statt.

9.7.7 Zusatzinformationen: Coaching-Implementierung im Unternehmen

Eine vollständige zentrale Steuerung der konzernweiten Coaching-Aktivitäten wird beim Unternehmen 7 angestrebt, wobei vereinzelte Coach-Vermittlungen von dezentralen Stellen offiziell nicht mehr zugelassen und somit zentralisiert werden.

9.8 Ergebnisse Unternehmen 8

9.8.1 Organisatorische Rahmenbedingungen

Das Thema Coaching ist im Bereich Personal- und Organisationsentwicklung angesiedelt und wird seit zirka vier Jahren in einer standardisierten Form angeboten. Die für Coaching verantwortliche Person, die auch andere Themen im Bereich der Führungskräfteentwicklung verantwortet, verfügt selbst über eine Coaching-Ausbildung und coacht vereinzelt auch Mitarbeiter im Unternehmen 8. Der Coach-Pool des Unternehmens ist noch in der Aufbauphase und umfasst derzeit zirka acht Coachs.

9.8.2 Die Anforderungen an den Coach

Ein Anforderungskriterium an externe Coachs beim Unternehmen 8 ist zunächst ein passender beruflicher Werdegang. Des Weiteren wird erwartet, dass die Coachs ein Hochschulstudium absolviert und bereits passende praktische Erfahrungen gesammelt haben. Dabei wäre ein Erfahrungshintergrund in der Personal- oder Organisationsentwicklung eines Unternehmens wünschenswert. Kenntnisse der Unternehmensbranche sind keine notwendige Voraussetzung, um beim Unternehmen 8 als Coach zu arbeiten, es wird aber als positiv bewertet, wenn hier Erfahrungen vorhanden sind. Führungserfahrungen werden auch nicht vorausgesetzt, obwohl die meisten Coachs über einen Führungshintergrund verfügen. Ebenso wird es gerne gesehen, wenn Coachs lange in der Personalentwicklung tätig waren und sich mit Führungsthemen und -konzepten im Rahmen der Führungskräfteentwicklung beschäftigt und auch Führungskräfte intern beraten haben.

Des Weiteren wird erwartet, dass die Coachs eine systemische Coaching-Ausbildung absolviert sowie ausreichende praktische Erfahrungen als Coach gesammelt haben. Zur Frage, ob die Coachs zusätzliche Methoden beherrschen sollten, antwortete die befragte Person, dass die meisten Coachs über ein breites Methodenrepertoire verfügen. Zusätzlich sollten Coachs offen, sympathisch, kommunikativ, geistig flexibel sein und über eine stabile Persönlichkeit sowie Integrität verfügen. Dabei sollte auch die ‚Chemie' zwischen dem Coach und dem Coaching-Verantwortlichen auf Unternehmensseite stimmen, so dass ein ehrlicher und offener Kontakt entstehen kann, so die befragte Person. Der Coach sollte folglich in der Lage sein, in definierten Grenzen über den Coaching-Prozess mit der für Coaching verantwortlichen Person sprechen zu können und zugleich eine Vertrauensbeziehung mit dem Coachee aufbauen und halten können. Die Bereitschaft, sich auf den vordefinierten unternehmenseigenen Coaching-Prozess einzulassen, sollte seitens des Coachs demnach ebenfalls vorhanden sein. Eine Passung zur Unternehmenskultur, zu den Führungskräften sowie zum Coaching-Verständnis des Unternehmens ist hierbei ebenso wichtig. Um die Akzeptanz des Coachs bei den Führungskräften zu gewährleisten, ist für Coachs eine Altersbegrenzung nach unten festgelegt worden: Diese müssen mindestens Ende dreißig Jahre oder älter sein, so dass genügend Lebenserfahrungen und eine gewisse Gestandenheit vorhanden sind. Ein weiteres wichtiges Kriterium ist das regionale Einsatzgebiet des Coachs. Aspekte wie Mitgliedschaft in einem Verband und Referenzen spielen beim Unternehmen 8 keine Rolle bei der Coach-Auswahl, da diese, nach der befragten Person, keine validen Rückschlüsse auf die Kompetenz des Coachs geben.

9.8.3 Die Vorauswahl

Der erste Kontakt wird in der Regel von den Coachs telefonisch hergestellt. Wenn der Coach am Telefon einen guten Eindruck hinterlässt und der Werdegang den Anforderungskriterien des Unternehmens entspricht, wird ein persönlicher Termin vereinbart. Schriftliche Unterlagen werden entweder zur Vorauswahl angefordert oder später zum persönlichen Gespräch vom Coach mitgebracht.

9.8.4 Der Auswahlprozess

Nach erfolgter Vorauswahl besteht der Auswahlprozess aus einem persönlichen Gespräch zwischen dem Coach und der für Coaching verantwortlichen Person.

9.8.5 Die Auswahlmethoden und -instrumente

Die Kernmethode des Auswahlprozesses beim Unternehmen 8 stellt ein offenes und unstrukturiertes Gespräch dar. Es wird kein standardisierter Gesprächsleitfaden eingesetzt, da dieser, so die befragte Person, nicht zielführend bzw. nützlich wäre. Im Gespräch wird unter anderem über die Unternehmenskultur und das Unternehmensumfeld gesprochen. Die befragte Person stellt hier zunächst ihre persönliche Sichtweise auf das Unternehmen dar und möchte dann vom Coach erfahren, wie er die Beschreibungen aus seiner Perspektive versteht und wie er dies kommentiert. Des Weiteren wird abgefragt, wie der Coach in einer bestimmten Coaching-Situation vorgeht, respektive wie er methodisch arbeitet und interagiert. Situativ werden hier gegebenenfalls auch Beispielsituationen aus dem Unternehmensalltag herangezogen und Fragen zur Arbeitsweise des Coachs gestellt.

Ergänzend zum Gespräch werden die schriftlichen Unterlagen des Coachs geprüft, dies wird aber eher als sekundär betrachtet. Wichtiger ist vielmehr das Erleben des Coachs im persönlichen Gespräch, um die persönliche Passung des Coachs zum Unternehmen zu eruieren- dies ist für die befragte Person grundlegend für eine Zusammenarbeit. Die befragte Person kann sich nicht vorstellen, ein Assessment-Center oder Audit für Coachs durchzuführen, da sie diese Verfahren als unnatürlich erachtet und diese die tatsächliche Leistung der Coachs in Coaching-Prozessen nicht unbedingt wiederspiegeln.

9.8.6 Der Evaluierungsprozess

Die befragte Person scheint mit Ihrem Auswahlprozess zufrieden zu sein, ist aber auch offen, noch neues hinzuzulernen.

Da die befragte Person noch nicht lange im Unternehmen 8 tätig und dort für Coaching zuständig ist, befindet sich der Coach-Pool derzeit in der Aufbauphase. Die befragte Person möchte den Coach-Pool noch vergrößern und unter einem regionalen Blickwinkel aufbauen. Dabei ist es ihr besonders wichtig, Coachs zu finden, die zu den Personen aus dem Unternehmen 8 menschlich passen.

9.8.7 Zusatzinformationen: Coaching-Implementierung im Unternehmen

Die Maßnahme Coaching im Unternehmen 8 wurde vom Vorgänger der befragten Person mit externer Unterstützung implementiert. Die befragte Person findet es wichtig, dass die für die Auswahl von Coachs verantwortliche Person selbst eine Coaching-Ausbildung absolviert und selbst Coaching-Erfahrung gesammelt hat. Des Weiteren erachtet die interviewte Person eine kritische Haltung bezüglich des Einsatzes der Maßnahme Coaching als sinnvoll, um die Maßnahme selektiv und zweckmäßig einzusetzen.

9.9 Zusammenfassende Betrachtung der Interviewergebnisse

9.9.1 Organisatorische Rahmenbedingungen

In den befragten Unternehmen wird das Themenfeld Coaching von einem bis drei Mitarbeitern bearbeitet, die außer Coaching ebenfalls andere Aufgabenfelder verantworten. Dabei ist Coaching als Thema meistens organisatorisch in der Personalabteilung angesiedelt. Bei zwei der befragten Firmen stellt sich dies anders dar: In einem Unternehmen ist Coaching in einer zentralen Abteilung für Qualifizierung als Thema verankert, wobei eine Person dieses zu einhundert Prozent ihrer Arbeitszeit für den gesamten Konzern bearbeitet und einzelne Geschäftsbereiche teilweise noch eigenen Coaching-Aktivitäten nachgehen. Ein anderer Konzern beschäftigt ein ganzes Team in einer eigenständigen (Personalentwicklungs-) Organisation, das ausschließlich für Coaching-Themen zuständig ist. Außer einem der befragten Unternehmen, steuern alle anderen Firmen ihre externen Coachs über einen Coach-Pool, der jeweils zentral für das Gesamtunternehmen zur Verfügung steht. Vier Personen der befragten Firmen haben im Interview darauf hingewiesen, dass sie eine Coaching-Ausbildung absolviert haben.

9.9.2 Die Anforderungen an den Coach

- **Relevante Qualifikationen und Training**

Eine solide Coaching-Ausbildung und vergleichbare relevante Ausbildungen stellen das meist genannte Auswahlkriterium an Coachs in den befragten Unternehmen dar. Dabei verlangen vier Unternehmen ausdrücklich eine abgeschlossene Coaching-Ausbildung als Mindestanforderung, während zwei weitere Unternehmen eine für die Coaching-Beratung relevante ähnliche Qualifizierung als gleichwertig akzeptieren.

Dahingegen legt ein weiteres Unternehmen keinen Wert auf eine Coaching-Ausbildung für externe Coachs, sondern erwartet eine Spezialisierung in den Methoden Transaktionsanalyse oder Neurolinguistisches Programmieren (NLP). Der bevorzugte Coaching-Ansatz der befragten Unternehmen ist der systemische Beratungsansatz, wobei sich vier Unternehmen Coachs mit einer solchen Ausbildung explizit wünschen. Ein weiteres Unternehmen wünscht sich einen lösungsorientierten Ansatz.

Bei den Befragungen zeichnete sich eine Tendenz ab, von Coachs den Abschluss mehrerer Ausbildungen zu erwarten. Gemäß den Aussagen aus einigen Interviews lässt sich bei fünf der befragten Firmen der Wunsch ableiten, dass Coachs idealerweise über diverse Ausbildungen verfügen sollten, wobei dies von Weiterbildungen bis hin zu zusätzlichen akademischen Ausbildungen variieren kann. Ein erfolgreicher Studienabschluss wurde von fünf Unternehmen erwartet, wobei dies bei der Coach-Auswahl nicht immer eine zwingende Voraussetzung darstellt.

- **Adäquate Coaching-Erfahrung**

Eine adäquate Coaching-Erfahrung wird von fünf befragten Firmen als Grundvoraussetzung für die Beauftragung eines Coachs genannt. Zwei Unternehmen definieren dies ebenfalls als Voraussetzung für eine Tätigkeit als Coach in ihrem Hause, jedoch mit dem Zusatz, dass diese Erfahrungen im wirtschaftlichen Umfeld gesammelt werden sollten. Diese zwei Unternehmen wünschen sich ebenfalls Coachs mit Erfahrungen im Bereich Executive Coaching – diese Erfahrung ist jedoch nur für das Coaching im Top-Management erforderlich.

- **Relevante Funktions- bzw. Branchenerfahrung**

Fünf Unternehmen wünschen sich eigene Führungserfahrungen von den Coachs. Ein Unternehmen fordert dies jedoch nur im Zusammenhang mit der Zielgruppe Top-Management und ein weiteres Unternehmen, wenn das jeweilige Thema des Coaching-Anlasses im Bereich Führung angesiedelt ist.

Ein weiteres Kriterium im Bereich der Funktions- bzw. Branchenerfahrung ist für vier Unternehmen die Erfahrung des Coachs im wirtschaftlichen Umfeld. Wünschenswert sind vereinzelt auch Personal- und Organisationsentwicklungserfahrungen sowie Erfahrungen in der Betreuung von Veränderungs- und Lernprozessen.

Bei drei der befragten Unternehmen spielt eine relevante Branchenerfahrung des Coachs eine wesentliche Rolle und ist somit ein Anforderungskriterium. Dahingegen vertreten zwei Unternehmen die Auffassung, dass die Erfahrungen des Coachs mit anderen Branchen im Coaching gegebenenfalls auch neue Perspektiven fördern können.

- **Breites Methoden- und Theorierepertoire**

Die Anforderungen an Coachs beinhalten bei der Mehrheit der befragten Unternehmen eine umfangreiche Methodenkompetenz. Zwei Unternehmen weisen explizit darauf hin, dass ein auf die Situation konkret ausgerichteter und flexibler Methodeneinsatz von den Coachs erwartet wird.

- **Supervision**

Die eigene Supervision der Coachs als Qualitätssicherungsinstrument wird als Auswahlkriterium in drei Experteninterviews genannt. In einem der Interviews hat die befragte Person darauf hingewiesen, dass zusätzliche Weiterbildungen, Intervision, Veröffentlichungen oder Vorträge auch eine Form der Qualitätssicherung darstellen und von den Coachs erwartet werden.

- **Eigene Beratungsgrenzen erkennen und bei Bedarf Weiterleitung an kompetentere Stelle**

Die Einhaltung der Grenze zwischen Coaching und Therapie wurde von zwei Gesprächspartnern als Selektionskriterium von Coachs genannt.

- **Mitgliedschaft in Verbänden**

Die Mitgliedschaft in einem der Coaching-Verbände spielt bei den befragten Unternehmen laut Aussagen in den Interviews scheinbar keine überragende Rolle. Nur ein Unternehmen hat die Mitgliedschaft in einem zertifizierten Verband als Kriterium für die Aufnahme eines Coachs in den unternehmenseigenen Coach-Pool genannt. Dahingegen erachtet ein anderes Unternehmen eine Mitgliedschaft in einem Verband als unwesentlich für die Coach-Auswahl, da nach Ansicht der befragten Person dies keine ‚Hinweise' auf die Qualität der Coaching-Dienstleistung eines Coachs liefert.

- **Andere Qualitäten und persönliche Eigenschaften**

Persönliche Eigenschaften

Zu den meist genannten persönlichen Eigenschaften, die von den Coachs erwartet werden, gehört die Authentizität[228] – diese Eigenschaft wurde von drei Unternehmen während der Experteninterviews genannt. Des Weiteren wurden die Vertraulichkeit sowie eine stabile Persönlichkeit als Anforderungen an Coachs von zwei befragten Unternehmen angeführt. Insgesamt lässt sich sagen, dass viele der in den Interviews genannten Anforderungen an externe Coachs im Bereich der von Jarvis genannten Kategorie ‚andere Qualitäten und persönliche Eigenschaften' zuzuordnen sind.[229] Da zu diesem Aspekt eine Vielzahl unterschiedlicher Aussagen getroffen wurden, lässt sich kein einheitliches Bild im Bereich der Anforderungskriterien zeichnen und unternehmensübergreifende Gemeinsamkeiten nicht herausarbeiten.

Weitere Kriterien

Eine kulturelle und persönliche Passung zum Unternehmen und deren Führungskräften ist mehrfach während der Befragungen als relevante Anforderungen an Coachs genannt

---

[228] Im Rahmen der Studienarbeit „Kompetenter Coach? Erwartete Kompetenzen aus der Sicht von Organisationen" wurden Firmen in der Schweiz nach ihren Erwartungen an Coachs, im Hinblick auf Executive Coaching als Form der Führungskräfteberatung und –entwicklung befragt. Interessant ist hierbei, dass die Authentizität nicht nur die meistgenannte Selbstkompetenz war, sondern diese Selbstkompetenz den höchsten Rang aller mittels Fragebogen gemessenen Kompetenzen bekommen hat. Vgl: Brandenberger, T; Gassmann, N. (2006): Studienarbeit Kompetenter Coach? Erwartete Kompetenzen aus der Sicht von Organisationen. Unveröffentlichte Publikation, Zürich: Hochschule für Angewandte Psychologie (HAP), S. 36 und 55

[229] Vgl. Jarvis J. (2004): Coaching and buying coaching services – a CIPD guide. London: Chartered Institute of Personnel and Development, S. 49

worden. Des Weiteren wird darauf geachtet, dass die Coachs thematisch und schwerpunktmäßig die Coaching-Bedarfe des Unternehmens abdecken können.

Ein weiteres Kriterium ist die Verfügbarkeit bzw. geographische Einsetzbarkeit des Coachs, die von vier Unternehmen genannt wird. Dabei werden die Coachs entsprechend dem Regionalitätsprinzip oder nach der eigenen Mobilität für Coaching-Einsätze kategorisiert.

- **Referenzen**

Wie bei der zusammenfassenden Betrachtung der Vorauswahl im Folgenden beschrieben wird, werden die Coachs häufig in den Auswahlprozessen der befragten Unternehmen nach Referenzen gefragt, wobei die Frage offen bleibt, ob diese von den Unternehmen tatsächlich geprüft werden.

- **Beruflicher Hintergrund des Coachs**

Die Kriterien Führungserfahrung, Branchenerfahrung und die Berufserfahrung des Coachs im wirtschaftlichen Umfeld wurden bereits unter dem Punkt relevante Funktions- bzw. Branchenerfahrung erfasst. Weitere Informationen zum beruflichen Hintergrund des Coachs, die von mehreren Unternehmen als relevant erachtet werden, sind aus dem erhobenen Material nicht zu entnehmen. Die Aussagen von zwei Befragten weisen darauf hin, dass die Coachs zusätzlich zu der universitären Ausbildung mehrere Qualifikationen bzw. Ausbildungsberufe aufweisen sollten.

9.9.3 Die Vorauswahl

Eine einheitliche Vorgehensweise bei der Vorauswahl der befragten Unternehmen ist nicht gegeben. Aus dem Interviewmaterial ist nicht immer deutlich erkennbar, welche Vorauswahl-Methoden die einzelnen Firmen einsetzten. Die am häufigsten genannte Vorauswahl-Methode ist der Einsatz von Coach-Profilen bzw. Fragebögen, die zur Erfassung der gewünschten Informationen von den Unternehmen als Arbeitsmittel herangezogen werden. Auf Grundlage der im Interview gewonnenen Daten basiert die Vorauswahl bei den befragten Unternehmen auf einer Auswertung der schriftlichen Informationen. Zwei der befragten Unternehmen setzen Vorab-Telefonate mit den Coachs als Mittel der Vorauswahl ein. Es lässt sich hier eine Tendenz erkennen, mehrere Methoden und Informationsquellen parallel für die Vorauswahl anzuwenden, respektive auszuwerten.

9.9.4 Der Auswahlprozess

Die Coaching-Verantwortlichen in den befragten Unternehmen sind ebenfalls in den Auswahlprozess involviert. Dabei werden bei der Mehrheit der befragten Unternehmen die Auswahlverfahren von mehreren Personen durchgeführt, wobei die für Coaching zuständige Person teilweise auch durch Mitarbeiter aus anderen Unternehmensbereichen unterstützt wird. Diese gehören vorwiegend Personalabteilungen der Unternehmen an. Fachkräfte aus den Unternehmensgeschäftsbereichen werden von wenigen Unternehmen in den Auswahlprozess für externe Coachs einbezogen.

Bei den befragten Unternehmen wird zur Auswahl von externen Coachs primär auf Einzelverfahren der Personalselektion zurückgegriffen. In zwei Fällen werden mehrere Coachs zeitgleich zu einem Auswahl-Audit eingeladen, wobei jedoch die einzelnen Selektionsübungen überwiegend nicht als Gruppenverfahren stattfinden.

In den befragten Unternehmen zeichnet sich die Tendenz ab, Coachs für den unternehmenseigenen Coach-Pool auszuwählen, und nicht für die einzelne Bedarfe von zu coachenden Mitarbeitern zu rekrutieren. In einigen Firmen wurde darauf hingewiesen, dass die Einzel-Coach-Auswahl für individuelle Beratungen im Laufe einer zunehmenden Systematisierung der unternehmenseigenen Coaching-Aktivitäten durch die Bildung eines zentralen Coach-Pools substituiert wurde.

9.9.5 Die Auswahlmethoden und - instrumente

Im Rahmen der Auswahlprozesse für externe Coachs setzen die befragten Unternehmen unterschiedliche Methoden und Verfahren der Personalauswahl ein. Trotz der relativ heterogenen Vorgehensweise bei der Selektion von Coachs, weisen jedoch einige Auswahlprozesse Gemeinsamkeiten auf der Methodenebene auf: Es werden von allen befragten Unternehmen (Auswahl-)Gespräche durchgeführt. Diese können sich allerdings stark in der Durchführungsart unterscheiden und werden entweder teilstrukturiert als auch unstrukturiert durchgeführt. Eine weitere Übereinstimmung liegt in dem Wunsch verschiedener Auditoren, die Vorgehensweise des Coachs im Coaching-Prozess real in einer Simulationssituation erleben zu wollen. Dazu werden unterschiedliche Verfahren eingesetzt, wobei meistens eine vorgegebene Bearbeitung eines Coaching-Falls als Simulationsaufgabe herangezogen wird. Die Mehrheit der Unternehmen hat diese Art von Übung in das persönliche Auswahlgespräch integriert, womit dieses ein Kernstück des Selektionsprozesses darstellt. Drei Unternehmen haben jedoch diese Simulationsaufgabe als Teilübung eines Einzel-Assessment-Centers bzw. –Audits vorgesehen, wobei sich insbesondere bei zwei Unternehmen das Vorgehen nicht unmittelbar von der Vorgehensweise der Unternehmen unterscheidet, welche die Fallbearbeitung in den Interviewprozess integriert haben.

Wie bereits erläutert, werden im Rahmen der Vorauswahl Coach-Profile bzw. Fragebögen zur Erfassung von Informationen über den Coach eingesetzt; diese werden als Methode am häufigsten angewendet. Des Weiteren werden die Auswertung der schriftlichen Unterlagen des Coachs sowie ein telefonisches Vorabgespräch als Vorauswahlmethoden herangezogen.

Die Tendenz der Unternehmen, mehrere Selektionsmethoden und -instrumente, wie dies auch bereits bei der Vorauswahl deutlich wurde, einzusetzen, ist ebenfalls auch für den gesamten Auswahlprozess festzustellen. Nur ein Unternehmen setzt das Gespräch als einziges Auswahlinstrument nach abgeschlossener Vorauswahl ein. Weitere Unternehmen, die ein Auswahlgespräch als Kernstück in ihr Selektionsverfahren integrieren, setzten teilweise auch eine Fallbearbeitung im Interviewprozess ein.

9.9.6 Der Evaluierungsprozess

Die Unternehmen, die sich zu der Frage nach der Erfolgsevaluierung der Auswahlprozesse äußerten, ermitteln die Zufriedenheit mit ihren Auswahlprozessen über Rückmeldungen ihrer gecoachten Führungskräfte, die im Rahmen der Coaching-Evaluation befragt werden.

Praktisch findet das Thema Erfolgsevaluierung von Coaching-Prozessen bei fünf Unternehmen über die Auswertung von Feedbackbögen statt, wohingegen ein anderes Unternehmen den Erfolg über Feedbackgespräche analysiert. Bei der Evaluation von Coaching-Prozessen können ebenfalls die Führungskräfte des Coachees involviert werden. Dieses Vorgehen wurde von drei Unternehmen im Experteninterview als Möglichkeit zur Erfolgsermittlung der Maßnahme genannt. In einem Unternehmen werden bei der Evaluierung der Coaching-Maßnahme auch die Coachs selbst miteinbezogen. Eine ergänzende Möglichkeit der Erfolgsmessung von Coaching-Prozessen besteht über die Einbeziehung Dritter in den Rückmeldungsprozess, beispielsweise über den Einsatz von 360°-Feedback-Instrumenten. Diese werden von zwei Unternehmen zu diesem Zwecke teilweise eingesetzt.

10 Handlungsempfehlungen zur Implementierung eines Prozesses zur Auswahl externer Coachs

Die im neunten Kapitel dargestellten Ergebnisse der Experteninterviews und die dort gewonnenen Erkenntnisse über die Prozesse zur Coach-Auswahl in den befragten Unternehmen werden in diesem Kapitel als Grundlage für die Formulierung von Handlungsempfehlungen verwendet. Dabei werden Erkenntnisse aus der Literatur, insbesondere solche, die bereits in der theoretischen Betrachtung des vierten bis sechsten Kapitels dieser Arbeit berücksichtigt wurden, sowie einzelne Interviewpassagen als Argumentationshilfen herangezogen, wobei die Interviewabschnitte in Form von Zitaten die hier aufgeführten Argumentationslinien stützen sollen.

10.1 Organisatorische Rahmenbedingungen

In den aus den durchgeführten Experteninterviews gewonnenen Informationen bestätigt sich die Bedeutsamkeit einer zentralen Steuerung der Coaching-Aktivitäten. Wie im vierten Kapitel bereits erwähnt wurde, ist eine zentrale Koordination der Coaching-Aktivitäten empfehlenswert, um die Transparenz und Qualität hinsichtlich der Coaching-Aktivitäten zu gewährleisten. Das nachfolgende Zitat aus dem erhobenen empirischen Material belegt diese Aussage:

> „Sicher gibt es in den einzelnen Personalabteilungen auch noch hier und da bekannte Coachs, die mal vermittelt werden, aber wir wollen ganz klar weg, vom dem dezentralen und jeder macht irgendwas hinzu zu diesem Kernprozess, den ich Ihnen noch schicke."[230]

Die Systematisierung der Coaching-Aktivitäten, die von vereinzelten Beauftragungen von Coachs seitens der jeweiligen Geschäftsbereiche und Abteilungen durch eine zentrale Koordinierungsstelle zu ersetzen versucht werden, ist in den befragten Unternehmen fast ausnahmslos mit der Bildung eines Coach-Pools verknüpft. Dabei ist es empfehlenswert, bei einem Aufbau eines solchen Coach-Pools unternehmenseigene

---
[230] Interview mit Unternehmen 7

Anforderungskriterien an die Tätigkeit als Coach aufzustellen, um diese entsprechend einer darauf hin ausgerichteten Auswahlstrategie bei den sich bewerbenden Coachs zu evaluieren. Im Detail wird auf diese Kriterien im nächsten Unterpunkt dieser Handlungsempfehlung eingegangen. Auf Basis der zunehmenden Systematisierung der Coaching-Aktivitäten von Unternehmen ist es ratsam, die zentrale Steuerung organisatorisch an einer Stelle in der Personalabteilung, insbesondere in der Personal bzw. Führungskräfteentwicklung, oder an eine eigenständige Abteilung bzw. Organisation, die ebenfalls Entwicklungsthemen im Unternehmen vorantreibt, zu übertragen. Dies bestätigen auch die Aussagen von LOOSS und RAUEN, wie bereits im vierten Kapitel erwähnt. Nach den Autoren verbreitet sich auf betrieblicher Ebene ein Ansatz, bei dem die Personalabteilung eine zentrale Vermittlungsfunktion zwischen Mitarbeiter und Coach annimmt.[231] Diesen Standpunkt unterstreicht auch JARVIS, wobei sie die Erfahrungen von Personalmitarbeitern in der Rekrutierung und Auswahl von Bewerbern auf die Selektion von externen Coachs als transferierbar erachtet.[232] Das folgende Zitat bestätigt ebenfalls diese Aussage und macht diesen Transfer zu allgemeinen Personalauswahlprozessen deutlich:

> „Nein, das haben wir neu, das haben wir speziell jetzt so entschieden und entwickelt, dies basiert auf vielen Erfahrungen von Auswahl von Personen im Bereich X und auch im Bereich Corporate Development, wo ja die Key Corporate Function Personen ausgewählt wurden und da sind viele tausende Kandidaten durchgegangen, daraus resultiert also dieses Verfahren für [...]. Aus Erfahrung von Auswahl von Leadern in unserem Unternehmen."[233]

Über den Erfahrungshintergrund im Feld der Personalauswahl hinaus wird zudem aus dem gewonnen Interviewmaterial ersichtlich, dass ein solides Coaching-Wissen notwendig ist, um überhaupt eine fundierte Coach-Auswahl treffen zu können. Hier ist es empfehlenswert, dass die für Coaching verantwortlichen Personen, die für die Koordination der Coaching-Aktivitäten zuständig sind, selbst über eine Coaching-

---

[231] Vgl. Looss, W.; Rauen, C: Einzel-Coaching – Das Konzept einer komplexen Beratungsbeziehung. In: Rauen, C. (Hrsg.) (2005): Handbuch Coaching. 3., überarbeitete und erweiterte Auflage. Göttingen: Hogrefe, S. 166
[232] Vgl. Jarvis J. (2004): Coaching and buying coaching services – a CIPD guide. London: Chartered Institute of Personnel and Development, S. 28
[233] Interview mit Unternehmen 7

Ausbildung sowie idealerweise über eigene Coaching-Erfahrungen verfügt, um die Coachselektion auf Basis eines adäquaten Wissenshintergrunds vornehmen zu können. Dieser Aspekt wird auch in der nachstehenden Textpassage als hilfreich für die Durchführung von Auswahlprozesse für Coachs eingestuft:

> „Die Person, die die Auswahl macht, selber Coaching-Erfahrung hat. [...] dass die Person selber am besten eine Coaching-Ausbildung hat und Coaching-Erfahrung hat, um einfach diese Gespräche auch führen zu können."[234]

Auch JARVIS fordert ein fundiertes Coaching-Wissen seitens der am Auswahlprozess für Coachs beteiligten Personen, um eine professionelle Steuerung der Coaching-Aktivitäten im Unternehmen zu gewährleisten.[235]

10.2 Die Anforderungen an den Coach

Auf Basis der über die Erhebung gewonnen Daten herrscht eine gewisse Einigkeit der Experten darüber, dass externe Coachs über eine fundierte Coaching-Ausbildung oder eine vergleichbare Qualifikation verfügen sollten. Je nach beruflichem und/oder akademischem Hintergrund kann die Notwendigkeit der Tiefe dieser Ausbildung allerdings variieren.[236] In diesem Zusammenhang ist es empfehlenswert, sich mit dem Coaching-Markt und den angebotenen Qualifikationen im Bereich Coaching eingehender auseinanderzusetzen. Dies liegt unter anderem darin begründet, dass die Berufsbezeichnung für eine Tätigkeit als Coach nicht geschützt ist und einheitliche Qualifikationsstandards hinsichtlich der Coaching-Ausbildungen fehlen.

Weitere Anforderungen an externe Coachs im Bereich der Fach- und Methodenkompetenz sind ausreichende bzw. mehrjährige Coaching-Erfahrungen sowie ein breites Methodenrepertoire, wobei nicht nur die Quantität an Methoden ein Auswahlkriterium darstellt, sondern auch die sichere und flexible Anwendung dieser in

---

[234] Interview mit Unternehmen 8
[235] Vgl. Jarvis J. (2004): Coaching and buying coaching services – a CIPD guide. London: Chartered Institute of Personnel and Development, S. 28
[236] Vgl. Jarvis J. (2004): Coaching and buying coaching services – a CIPD guide. London: Chartered Institute of Personnel and Development, S. 47

der jeweiligen Coaching-Situation.[237] Diese Auffassung wird durch den folgenden Textabschnitt aus den durchgeführten Interviews bestätigt:

„Nicht so sehr. Also es kommt eher sozusagen auf die grundsätzliche Haltung an, es sollte schon jemand sein, der ressourcenorientiert an die ganze Sache herangeht, wir selber fühlen uns auch eher einem humanistischen Menschenbild verpflichtet, sollte eben in eine ähnlichen Richtung gehen und das welche Methoden dann im speziellen eingesetzt werden ist nicht so wichtig, die Frage ist vielleicht auch eher wie vielfältig und flexibel ist jemand mit seinen Methoden, jemand sagt ich habe eine NLP-Ausbildung gemacht und da habe ich die 7 Methoden für besonders wertvoll erachtet und die setzte ich jedes Mal ein, unabhängig von der Fragestellung, dann erscheint uns das weniger sinnvoll als wenn jetzt jemand über eine vielleicht doch nicht genau benennbare Zahl von Methoden verfügt und sagt setzt mal die eine oder die andere ein. Ich habe auch schon mit jemanden mal gesprochen, der einer der ganz großen in der Coaching-Szene in Deutschland ist, der hat mal zu mir gesagt, wenn ich eine Coaching-Methode brauche, dann erfinde ich eine, was mich damals sehr beeindruckt, aber mittlerweile kann ich nachvollziehen, was er meinte."[238]

Des Weiteren ist es ratsam, dass der Coach über ein funktionales Verständnis des beruflichen Umfelds und der Branche seines potentiellen Klienten verfügt. Inwieweit der Coach selbst über vergleichbare berufliche Erfahrungen wie sein potentieller Klient verfügen sollte, lässt sich anhand der Interviewergebnisse nicht eindeutig ersehen. In diesem Zusammenhang empfiehlt es sich jedoch darauf zu achten, dass der Coach über ein grundlegendes Verständnis betriebswirtschaftlicher Abläufe verfügt, als auch gängige Führungskonzepte und –themen kennt, die ihm ermöglichen, komplexe berufliche Konstellationen zu verstehen, um auf einer Prozessebene beratend intervenieren zu können. Es sei an dieser Stelle darauf hingewiesen, dass die meisten Coaching-Konzepte als Prozessberatung zu verstehen sind, so LIPPMANN.[239] Der Coach als Prozessberater übernimmt hierbei keine Expertenrolle in Bezug auf die Coaching-Inhalte, sondern unterstützt seinen Klienten in der Suche nach möglichen

---

[237] Die Wichtigkeit eines breiten Methodeninventars bestätigen auch die Autoren Jarvis und Schreyögg. Vgl. Jarvis J. (2004): Coaching and buying coaching services – a CIPD guide. London: Chartered Institute of Personnel and Development, S. 47-48 & Schreyögg, A. (2003): Coaching. Eine Einführung für Praxis und Ausbildung. 6., überarbeitete und erweiterte Auflage. Frankfurt: Campus Verlag, S. 145-150
[238] Interview mit Unternehmen 4
[239] Vgl. Lippmann, E.: Grundlagen. In: Lippmann, E. (Hrsg.) (2006): Coaching. Angewandte Psychologie für die Beratungspraxis. Heidelberg: Springer Medizin Verlag, S. 18

Lösungsstrategien: „Während in der Expertenberatung die Lösungsideen primär vom Berater generiert werden, wird im Rahmen des Coachings als Prozessberatung der Kunde dabei unterstützt, selbst neue Lösungsmöglichkeiten zu entwickeln."[240] Zusätzlich ist es notwendig, auf das kulturelle und persönliche Passungsverhältnis des Coachs mit dem Unternehmen zu achten. Mit der kulturellen Passung ist insbesondere die Anschlussfähigkeit des Coachs an die Unternehmenskultur und an das Coaching-Verständnis des Unternehmens gemeint. Demgegenüber spielen bei der persönlichen Passung Aspekte auf der Ebene der Selbstkompetenz wie beispielsweise Authentizität und Vertraulichkeit sowie auf der Ebene der Sozialkompetenz Charakteristika wie Empathie und Kommunikationsfähigkeit eine besondere Rolle.

Im gewünschten Anforderungsprofil an externe Coachs sollte über die verschiedenen Fähigkeiten, Qualifikationen und Erfahrungen hinaus ebenfalls die zeitliche und geografische Verfügbarkeit des Coachs hinterfragt werden, um diese im Hinblick auf die Unternehmensbedürfnisse entsprechend einschätzen und abgleichen zu können. Des Weiteren empfiehlt es sich, die Coachs nach thematischen Coaching-Schwerpunkten auszuwählen, um eine Vereinbarkeit zwischen den von den Coachs angebotenen Coaching-Themen und den vom Unternehmen verfolgten Coaching-Anlässen zu gewährleisten.

Abschließend geben die in der unten aufgeführten Tabelle dargestellten Qualifikations- und Kompetenzanforderungen an externe Coachs die über die Untersuchung erhobenen Anforderungskriterien an externe Coachs wieder, welche von den befragten Unternehmen in den unternehmenseigenen Auswahlprozessen überprüft werden. Dabei sind die hervorgehobenen Kriterien von den befragten Unternehmen mehrfach genannt worden und stellen demnach einen Teil der Kernanforderungskriterien an externe Coachs dar. Allerdings sind die nicht hervorgehobenen Kriterien jedoch nicht zu vernachlässigen, da auch diese im Rahmen der Coach-Auswahl relevant sein können. Es sei an dieser Stelle darauf hingewiesen, dass die im Rahmen dieser Arbeit gewonnen Informationen über die Anforderungskriterien an Coachs, aufgrund der Nicht-

---

[240] Lippmann, E.: Grundlagen. In: Lippmann, E. (Hrsg.) (2006): Coaching. Angewandte Psychologie für die Beratungspraxis. Heidelberg: Springer Medizin Verlag, S. 42

Standardisierung der Befragung, die durch den gewählten qualitativen, explorativen Forschungszugang bedingt ist, keinen Anspruch auf Vergleichbarkeit und Repräsentativität erheben, derweil die Untersuchung zudem nicht primär auf die Ermittlung von Anforderungskriterien an externe Coachs im Rahmen von Coach-Auswahlprozesse ausgerichtet war, sondern auf die Gewinnung von empirischem Material im Bereich der Coachselektion.

Kompetenzfelder/ Erhobene Anforderungskriterien an Coachs	Erhobene Anforderungskriterien an Coachs
Selbstkompetenz	**Authentizität, Vertraulichkeit, gestandene Persönlichkeit,** persönliche Veränderungsbereitschaft, **professionelle Selbstpräsentation,** Selbstreflexion, Sympathie, Offenheit, Flexibilität, Spontaneität, stabile Persönlichkeit bzw. emotionale Stabilität, Klarheit, Zielgerichtetheit, positives Menschenbild, persönliche Haltung, ressourcenorientiertes und humanistisches Menschenbild, interkultureller Hintergrund, **internationale Erfahrung.**
Sozialkompetenz	Empathie, Kommunikationsfähigkeit, Verständnis für die Situation des Coachees, Fähigkeit zur Bildung von Vertrauensbeziehungen, adäquater Umgang mit Interessenkonflikten, „zwischenmenschliche Chemie herstellen", Anschlussfähigkeit
Fachkompetenz	**Akademische Ausbildung, fundierte Coaching-Ausbildung** oder vergleichbare Qualifikation, **systemischer Coaching-Ansatz, Mehrfachausbildungen, ausreichende Berufserfahrung, Business-Erfahrung, ausreichende Coaching-Erfahrung,** Erfahrung in der Betreuung von Veränderungs- und Lernprozessen, Erfahrungen in der Zusammenarbeit mit Führungskräften bzw. Entscheidungsträgern, Erfahrungen in der strategischen Beratung, **Erfahrungen in unterschiedlichen Branchen** und mit internationalen Unternehmen sowie im Aktivitätsfeld des Unternehmens, **Erfahrungen in der Personal- und Organisationsentwicklung, Erfahrungen im Management- oder Beratungsbereich,** Erfahrungen auf einer vergleichbaren organisationalen Ebene wie die Klienten, Kenntnisse von Führungskonzepten, **eigene Führungserfahrungen,** Kenntnisse betriebswirtschaftlicher Abläufe, Verständnis für die Komplexität von Konzernen.
Methodenkompetenz	**Umfangreiche Methodenkompetenz und Flexibilität in deren Anwendung,** Verhandlungstechniken, (systemische) Fragetechniken, **eigene Supervisionserfahrung,** Transparenz über Coaching-Vorgehen, klares Coaching-Verständnis und –konzept, analytisches Verständnis, **Grenzziehung von Coaching zu anderen Beratungsformen bzw. zur Therapie,** Befähigung des Klienten seine eigene Lösung zu finden, englische Sprachkenntnisse.

Tabelle 2: Übersicht der erhobenen Anforderungskriterien an Coachs[241]

---

[241] Die in der Tabelle hervorgehobenen Kriterien sind von den befragten Unternehmen mehrfach genannt worden. Zur Unterscheidung von Sozial-, Methoden-, Selbst und Fachkompetenz, vgl. Knauf, H.: Das Konzept der Schlüsselqualifikationen und seine Bedeutung für die Hochschule. Einführung in das Thema. In: Knauf, H.; Knauf, M. (Hrsg.) (2003):Schlüsselqualifikationen praktisch. Veranstaltungen zur

10.3 Die Vorauswahl

Entsprechend den Interviewergebnissen ist der Einsatz von Profilfragebögen bei der Vorauswahl empfehlenswert.[242] Diese ermöglichen einen direkten Abgleich zwischen den von Unternehmen verlangten Anforderungskriterien und dem Profil des Coachs. Weiterhin weisen die für die vorliegende Arbeit durchgeführten Expertengespräche darauf hin, dass für die Vorauswahlentscheidungen verschiedene Informationsquellen einbezogen werden sollten, die einen ersten Aufschluss über die Qualifikationen, Kompetenzen und Erfahrungen des Coachs geben. Dabei empfiehlt es sich, beispielsweise die schriftlichen Unterlagen des Coachs auszuwerten oder telefonische Vorgespräche zu führen, um eine erste Vorselektion vornehmen zu können.

10.4 Der Auswahlprozess

Das gewonnene Interviewmaterial weist auf eine Präferenz des Einsatzes von Einzelverfahren der Personalauswahl für die Coachselektion hin. Diese stellen im Vergleich zu Gruppenauswahlverfahren eine höhere Diskretion und Prozessflexibilität sicher. Weiterhin empfiehlt sich, den Auswahlprozess mehrstufig aufzubauen. Dabei lässt sich feststellen, dass die meisten befragten Unternehmen nach abgeschlossener Vorauswahl ein persönliches Auswahlgespräch in Kombination mit einer simulationsorientierten Fall-Übung einer Coaching-Situation durchführen, welches entsprechend der Unternehmenspraxis, sich als praktikables Vorgehensmodell erweist und bei der Konzipierung von Coach-Auswahlprozessen zu berücksichtigen wäre. Aus dem Interviewmaterial wird des Weiteren ersichtlich, dass eine Einbindung der im Unternehmen für Coaching verantwortlichen Personen im gesamten Coach-Auswahlprozess sinnvoll ist, damit diese als professionelle Vermittler von Coaching-Aktivitäten im Unternehmen fungieren können. Die Einbindung in diesen Gesamtprozess – von der Auswahl der einzelnen Coachs bis hin zur Evaluation der Coaching-Prozesse – aller für Coaching verantwortlichen Personen begünstigt die

---

Förderung überfachlicher Qualifikationen an deutschen Hochschulen. Bielefeld: Bertelsmann Verlag, S. 14

[242]Ein exemplarischer Profilbogen ist auf den Seiten 166 bis 168 dargestellt.

Bildung von Spezialistenwissen und damit zugleich einen professionellen Umgang mit Coaching-Themen im Unternehmen.

10.5 Die Auswahlmethoden und –instrumente

Folgt man den Expertenaussagen in den durchgeführten Interviews, so wird deutlich, dass es empfehlenswert ist, die zu evaluierenden Coachs im Rahmen des Auswahlprozesses in einer Coaching-Situation persönlich zu erleben. Simulationsorientierte Verfahren der Berufseignungsdiagnostik, die eine Arbeitsprobe hinsichtlich des Coaching-Verhaltens des Beraters im Coaching-Prozess liefern können, sollten bei der Konzeption von Auswahlprozessen demnach entsprechend berücksichtigt werden. Auch in der Literatur wird auf diesen Aspekt verwiesen, so folgt man den Aussagen von WREDE im fünften Kapitel dieser Arbeit, der eine Überprüfung der Arbeitsweise des Coachs an einem konkreten Fall empfiehlt.[243] Es sei jedoch darauf hingewiesen, dass die Konzeption solcher Simulationsübungen dem Prinzip der Anforderungsorientierung entsprechen sollte: „Übungen müssen so entwickelt und ausgewählt werden, dass sie dem Anforderungsprofil entsprechen und eine Beobachtung der Anforderungsdimensionen ermöglichen"[244], so FISSENI und PREUSSER. Die Bedeutung der Durchführung von Simulationsübungen in Auswahlprozessen für externe Coachs wird anhand der folgenden Interviewpassagen ersichtlich:

> „Ich glaube dieses persönliches Erleben ist schon sehr sehr wichtig. Ich kann mir nicht vorstellen, dass es nur mit dem Interview getan ist."[245] „Also das ist im Prinzip eine sehr valide Arbeitsprobe, die da von den Teilnehmern abgeliefert werden kann."[246]

Der Einsatz von Auswahlgesprächen als Verfahren zur Selektion externer Coachs wird in der Unternehmenspraxis der befragten Coaching-Verantwortlichen ebenfalls verfolgt. Diese Gespräche unterscheiden sich jedoch in der Durchführungsart und reichen von

---

[243] Wrede, B.A.: So finden Sie den richtigen Coach. In: Rauen, C. (Hrsg.) (2005): Handbuch Coaching. 3., überarbeitete und erweiterte Auflage. Göttingen: Hogrefe, S. 330
[244] Fisseni, H.-J.; Preusser, I. (2007): Assessment-Center. Eine Einführung in Theorie und Praxis. Göttingen (u.a.): Hogrefe, S. 92; Ergänzung vom Verfasser.
[245] Interview mit Unternehmen 1
[246] Interview mit Unternehmen 4

eher freien bis hin zu teilstrukturierten Gesprächsformen, wobei die Offenheit bzw. Flexibilität des Gesprächsverlaufs bei einigen Befragten im Vordergrund steht. Folgt man dem Wunsch der flexiblen Handhabung der Interviewsituation und den Erkenntnissen aus dem sechsten Kapitel dieser Arbeit, dass eine höhere Strukturierung der Interviewform eine höhere Validität gewährleistet, so empfiehlt es sich, im Rahmen von Auswahlentscheidungen den Interviews eine strukturierte Form zu geben, allerdings keine Vollstrukturierung mit standardisierten Fragestellungen und Abläufen vorzunehmen.[247]

Betrachtet man die gewonnenen Daten aus dem Interviewmaterial, so ist es zusätzlich ratsam, eine Methodenvielfalt bei der Konzeption von Auswahlprozessen für externe Coachs zu berücksichtigen. Dabei gilt es nicht nur, verschiedene Methoden und Verfahren der Personalauswahl im Rahmen der Vor- und Auswahl miteinander zu kombinieren, sondern auch unterschiedliche Ansätze der Berufseignungsdiagnostik in die Prozesse zu integrieren, um dem Prinzip der Multimodalität oder Multimethodalität, wie im sechsten Kapitel bereits erwähnt wurde, zu entsprechen.[248] Bei der Betrachtung des Interviewmaterials wird allerdings auch deutlich, dass konstruktorientierte Verfahren der Berufseignungsdiagnostik keinen Einsatz in der betrieblichen Praxis der befragten Experten finden. Dies bestätigt auch die generelle Verbreitung von Testverfahren in der betrieblichen Praxis deutscher Großunternehmen, die im Vergleich zu anderen europäischen Ländern relativ gering ausfällt.[249]

10.6 Ein exemplarischer Auswahlprozess für externe Coachs

Aufbauend auf den dargestellten Ergebnissen der Experteninterviews und der daraus resultierenden Empfehlungen zur Implementierung eines Selektionsprozess für externe

---

[247] Vgl. Marcus, B.; Schuler, H.: Biografieorientierte Verfahren der Personalauswahl. In: Schuler, Heinz (Hrsg.) (2006) : Lehrbuch der Personalpsychologie. 2., überarbeitete und erweiterte Auflage. Göttingen (u.a.): Hogrefe, S. 212-221
[248] Vgl. Schuler, H. (Hrsg.) (2006) : Lehrbuch der Personalpsychologie. 2., überarbeitete und erweiterte Auflage. Göttingen (u.a.): Hogrefe, S.97-99
[249] Vgl. Höft, S.; Schuler, H.: Konstruktorientierte Verfahren der Personalauswahl. In: Schuler, Heinz (Hrsg.) (2006) : Lehrbuch der Personalpsychologie. 2., überarbeitete und erweiterte Auflage. Göttingen (u.a.): Hogrefe, S. 104-105

Coachs zeigt die nachstehende Abbildung, wie dieser im Unternehmen gestaltet werden kann.

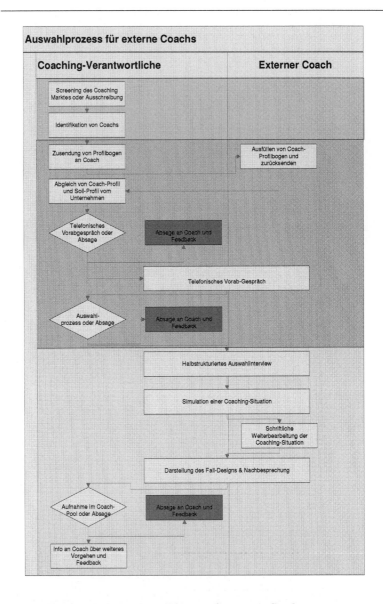

Abb. 10: Ein exemplarischer Auswahlprozess für externe Coachs

10.7 Der Evaluierungsprozess

Die Evaluierung des Coach-Auswahlprozesses empfiehlt sich, so die Aussagen von einigen Befragten, über die Zufriedenheit der Klienten mit der Coaching-Maßnahme sowie deren Wirksamkeit zu ermitteln. Dabei sei hier angeführt, dass die Evaluierung des Auswahlprozesses von Coachs und die Maßnahme Coaching somit in gewisser Weise gleichgesetzt werden, was die Gefahr in sich birgt, nur die Kundenzufriedenheit hinsichtlich der Coaching-Maßnahme zu ermitteln und nicht den Auswahlprozess selbst zu evaluieren. Auf Basis der über die Erhebung gewonnenen Daten lässt sich dieser Aspekt nicht näher betrachten, jedoch empfiehlt es sich, diesem Punkt in der Unternehmenspraxis die nötige Aufmerksamkeit zu schenken. Weiterhin wird aus dem empirischen Material deutlich, dass einige Unternehmen in den Evaluationsprozess nicht nur die Coachees, sondern auch weitere Personen involvieren. Es werden teilweise die Vorgesetzen der Coachees oder die Coachs selber in diesen Prozess einbezogen. Hinsichtlich der Beteiligung weiterer Personen am Evaluierungsprozess gilt es allerdings, wie im dritten Kapitel bereits erwähnt, die im Coaching-Vertrag vereinbarte Vertraulichkeit über die Inhalte der Coaching-Maßnahme zu berücksichtigen.[250] Dabei sei darauf hingewiesen, dass, wenn der Vorgesetzte des Coachees nicht über die Coaching-Maßnahme informiert ist, eine Beteilung an der Evaluierung der Maßnahme auch ausgeschlossen werden sollte.

---

[250] Vgl. Bresser, F.: Coaching erfolgreich implementieren. In: managerSeminare, 96, 2006, S. 72 & Steiner, A.: Coaching per Wertmarke. In: managerSeminare, 77, 2004, S. 68

11 Abschließende Ausführungen

Den Ausgangpunkt dieser Arbeit bildete das Interesse des Bereiches ‚HR Training & Development Europe' der Mazda Motor Europe GmbH, am Themenfeld Auswahlprozesse für externe Coachs sowie der darauf folgende Projektauftrag, dieses im Rahmen meiner Diplomarbeit näher zu beleuchten. Dabei stand die Fragestellung, welche Vorgehensweisen sich bei der Auswahl von externen Coachs von Unternehmen besonders eignen im Mittelpunkt der Überlegungen. In diesem Zusammenhang galt es, die im Rahmen von Auswahlprozessen für externe Coachs relevanten betrieblichen Abläufe zu identifizieren und aufzuzeigen.

Bei einer ersten Auseinandersetzung mit diesem Themenfeld wurde deutlich, dass die Forschungs- und Literaturlage zu der vorliegenden Thematik unzureichend für eine theoretische Abhandlung war. Vor diesem Hintergrund wurde ein empirischer Zugang mit explorativer Ausrichtung zur Annäherung an die Fragestellung dieser Arbeit als angemessen und zweckmäßig erachtet. Dabei wurden Experteninterviews eingesetzt, um die entsprechenden Vorgehensmodelle auf betrieblicher Ebene zu identifizieren, die für die Auswahl von externen Coachs angewendet werden. Diese wurden dann im Rahmen einer fallbezogenen Darstellung des Interviewmaterials vorgestellt, um somit Einblicke in die Unternehmenspraxis in diesem Bereich zu gewähren. Das erhobene empirische Material zeigt auf, dass die betrieblichen Vorgehensweisen bei der Coach-Auswahl heterogen sind. Jedoch lassen sich aus dieser Analyse auch unternehmensübergreifende Tendenzen identifizieren, die im nachfolgenden pointiert erläutert werden.

11.1 Fazit: Unternehmensübergreifende Tendenzen aus den Untersuchungsergebnissen

Aufbauend auf den dargestellten Ergebnissen der Experteninterviews und den daraus abgeleiteten Handlungsempfehlungen zur Implementierung eines Prozesses zur Auswahl externer Coachs lassen sich die Erkenntnisse dieser empirischen Untersuchung auf drei

Ebenen zusammenfassen: Auf einer organisationalen Ebene, einer Prozessebene sowie auf einer personalen Ebene.

Auf der organisationalen Ebene ist hervorzuheben, dass eine zentrale Steuerung der Coaching-Aktivitäten in einem Unternehmensbereich mit Expertise im Bereich Personalentwicklung wichtig ist. Eine solche Zentralisierung ermöglicht zum einem, dass Erfahrungen mit anderen Entwicklungsmaßnahmen, betrieblichen Lernarrangements, usw. auf Coaching übertragen werden können. Zum anderen fördert die Bündelung von Coaching-Aktivitäten in einem Bereich den Aufbau von Spezialistenwissen und Kompetenzzentren, die einen qualitativen und hochwertigen Umgang mit dem Thema Coaching und der Auswahl von externen Coachs fördern. Der Aufbau von Coaching-Wissen über spezifische Ausbildungen in diesem Bereich oder über die Nutzung von Beratungsdienstleistungen sind hier sehr wichtig, wie aus der qualitativen Erhebung ersichtlich wird.

Auf der Prozessebene zeigen die Interviewergebnisse auf, dass Selektionsprozesse für externe Coachs mehrstufig aufgebaut sind und mehrere Auswahlmethoden und -instrumente im Prozess integriert werden sollten. Als erprobte und essentielle Elemente des Auswahlverfahrens sind das Auswahlinterview und eine simulationsorientierte Übung, im Sinne einer Arbeitsprobe, sinnvoll, wobei diese entweder als eigenständige Übung in einem komplexen Selektionsverfahren oder in einem Auswahlgespräch integriert sein kann.

Auf der personalen Ebene, im Folgenden zu verstehen als die spezifischen Anforderungskriterien an die Tätigkeit als Coach, lassen sich auf Basis der gewonnnen Ergebnisse, einige zentrale Anforderungs- bzw. Auswahlkriterien für externe Coachs skizzieren. Folgt man den Expertenaussagen in den durchgeführten Interviews, so wird deutlich, dass Coachs einige Kernkriterien erfüllen müssen, um den Zugang zur Ausübung der Coaching-Tätigkeit in den befragten Unternehmen zu erhalten. Diese umfassen eine für die Durchführung von Coachings relevante Ausbildung, ausreichende Coaching-Erfahrungen sowie ein breites Methodenrepertoire, das flexibel und situativ anwendbar sein soll. Weiterhin sollte der Coach das berufliche Umfeld seiner potentiellen Klienten sowie betriebswirtschaftliche Abläufe kennen und verstehen, als auch über eine kulturelle und persönliche Passung im Hinblick auf die Unternehmenskultur vorweisen können. Diese Anforderungen an den Coach stellen essentielle Merkmale dar, über die ein erfolgreicher Coach verfügen soll, um Coaching-Prozesse in Unternehmen professionell durchführen zu können. Darüber hinaus sind noch weitere Kriterien relevant, insbesondere auf der Ebene der Selbst-, Sozial- und Methodenkompetenz; diese sind jedoch nicht aus dem erhobenen empirischen Material generalisierbar.

11.2 Weitere Anregungen zur Implementierung von Coaching im Unternehmen

Abschließend lässt sich empfehlen, dass bei der Implementierung von Coaching sowie bei der Konzeptualisierung von Auswahlprozessen für externe Coachs, eine kompetente Fachberatung sinnvoll sein kann, zumindest wenn die Zielsetzung besteht, eine fundierte Kompetenz und spezialisiertes Wissen bezüglich der Maßnahme Coaching aufzubauen und diese im Unternehmen noch nicht vorhanden ist. Basiert die Einführung der Personalentwicklungsmaßnahme Coaching auf einem solchen spezialisierten Wissen, ermöglicht dies allen am Coaching-Prozess beteiligten Personen, ein klares Verständnis über die Maßnahme zu gewinnen sowie eine transparente Kommunikation über die Maßnahme Coaching in das Unternehmen zu gewährleisten. Dabei sollte darauf geachtet werden, dass das Instrument Coaching mit einem positiven Image belegt und als Entwicklungsmaßnahme eindeutig deklariert wird, um möglichen Missverständnissen, Coaching sei ein Instrument um ausschließlich Verhaltensdefizite zu beseitigen, rechzeitig entgegenzuwirken. Aufgrund der noch vorhandenen Unklarheiten seitens vieler potentieller Klienten hinsichtlich der Zielsetzungen und Auswirkungen der Maßnahme Coaching, sollte durch entsprechende interne Beratung über die Koordinierungsstelle für Coaching-Aktivitäten Aufklärung geleistet werden. Die Hilfestellungen für potentielle Coachees könnten auf die Rollenklärung hinsichtlich der Aufgabe des Coachs im Beratungsprozess und der Verantwortungen des Coachees zu den für das Coaching vereinbarten Zielsetzungen, abzielen. Des Weiteren sollten die

Coachees von den Coaching-Verantwortlichen bei der Auswahl geeigneter Coachs unterstützt und im Verlauf des Coaching-Prozesses bei Unsicherheiten und Unklarheiten beraten werden. In diesem Zusammenhang könnten bereits Informationsmaterialien nützlich sein, in denen ein idealtypischer Coaching-Ablauf dargestellt wird sowie Checklisten für den Coachee zur Verfügung gestellt werden, wie im Rahmen der Kontaktaufnahme mit dem Coach vorgegangen wird.

Darüber hinaus sei noch angemerkt, dass eine Ausrichtung der Coaching-Aktivitäten auf die jeweilige Unternehmenskultur notwendig ist. Wie bereits im dritten Kapitel angesprochen wurde, ist die Unternehmenskultur ein wesentlicher Einflussfaktor bei der Implementierung der Maßnahme Coaching im Unternehmen und bestimmt mitunter wie die Maßnahme real gelebt wird. Dies sollte bei der Implementierung von Auswahlprozessen für externe Coachs berücksichtigt werden.

11.3 Forschungsdesiderata

Entsprechend der explorativen Ausrichtung der vorliegenden Arbeit lassen sich zahlreiche mögliche Forschungsfelder ableiten. Eine interessante Weiterführung der Untersuchung wäre, eine detaillierte Erforschung der Anforderungsprofile für externe Coachs unter Berücksichtigung der Unternehmens-, Coach- und Klientenperspektiven vorzunehmen, mit der Zielsetzung, allgemeingültige Kernkompetenzen für Coachs zu identifizieren. Diese könnten dann in einem Anforderungs- bzw. Kompetenzmodell abgebildet werden, die Unternehmen als Anforderungsdimensionen für ihre jeweiligen Auswahlprozesse übernehmen könnten. Ein solches Kompetenzmodell hätte somit die Funktion, die Anforderungsanalyse zu ersetzen und die Konzeption des Auswahlprozesses zu unterstützen. Dieses bedürfte dann nur noch eine Anpassung an die unternehmensspezifische Werte und Erfordernisse. Weiterhin wäre es interessant zu untersuchen, wie Unternehmen ihre an Coachs gestellten Anforderungen explizit ermitteln, um die Messqualität der angewandten Auswahlmethoden und –instrumente hin zu überprüfen und daraus wissenschaftlich fundierte Handlungsempfehlungen hinsichtlich der geeignetsten Verfahren zur Selektion von externen Coachs für die betriebliche Praxis zu formulieren.

Diese zwei Forschungsausblicke sollen an dieser Stelle auf die zu Beginn dieser Arbeit angesprochene Literatur- und Forschungslücke verweisen und eine Anregung für weitere Untersuchungen in diesem Themenfeld geben, das dieses aufgrund seiner Aktualität verdienen würde, weitergehend betrachtet zu werden.

Literaturverzeichnis

Backhausen, W.; Thommen, J.-P. (2006): Coaching. Durch systemisches Denken zu innovativer Personalentwicklung. 3. Auflage. Wiesbaden: Gabler, S. 19-30 & 201-240.

Bär, M.; Böckelmann, C.: Das Julius Bär Coaching Center. In: Backhausen, W.; J.-P., Thommen (2006): Coaching. Durch systemisches Denken zu innovativer Personalentwicklung. 3. Auflage. Wiesbaden: Gabler, S. 241-271.

Baethge, M.: Arbeit, Vergesellschaftung, Identität – Zur zunehmenden normativen Subjektivierung der Arbeit. In: Soziale Welt, 1, 1991, S. 6-19.

Bogner, A.; Menz, W.: Expertenwissen und Forschungspraxis: die modernisierungstheoretische und die methodische Debatte um die Experten. Zur Einführung in ein unübersichtliches Problemfeld. In: Bogner, A.; Littig; B.; Menz, W. (2005): Das Experteninterview. Theorie, Methode, Anwendung. 2. Auflage. Wiesbaden: VS Verlag für Sozialwissenschaften, S. 7-10.

Bogner, A.; Merz, W.: Das theoriegenerierende Experteninterview. Erkenntnisinteresse, Wissensformen, Interaktion. In: Bogner, A.; Littig; B.; Menz, W. (2005): Das Experteninterview. Theorie, Methode, Anwendung. 2. Auflage. Wiesbaden: VS Verlag für Sozialwissenschaften, S.33-70.

Böning, U.: Coaching: Der Siegeszug eines Personalentwicklungs-Instruments – Eine 15-Jahres-Bilanz. In: Rauen, C. (Hrsg.) (2005): Handbuch Coaching. 3., überarbeitete und erweiterte Auflage. Göttingen: Hogrefe, S. 21-54.

Böning, U.: Der Siegeszug eines Personalentwicklungs-Instruments. Eine 10-Jahres-bilanz. In: Rauen, C. (Hrsg.) (2002): Handbuch Coaching. 2., überarbeitete Auflage. Göttingen: Hogrefe, S. 21-43.

Bortz, J.; Döring, N. (2006): Forschungsmethoden und Evaluation für Human- und Sozialwissenschaftler. 4., überarbeitete Auflage. Heidelberg: Springer.

Brandenberger, T; Gassmann, N. (2006): Studienarbeit Kompetenter Coach? Erwartete Kompetenzen aus der Sicht von Organisationen. Unveröffentlichte Publikation, Zürich: Hochschule für Angewandte Psychologie (HAP).

Brauer, Y.: Wie Zielvereinbarungen im Coaching helfen. In: Wirtschaftspsychologie aktuell, 1, 2005, S. 40-43.

Bresser, F.: Coaching erfolgreich implementieren. In: managerSeminare, 96, 2006, S. 66-73.

Bürgin Brand, S.: Die Schweizerische Post – Coaching zur Unterstützung von Veränderungsprozessen. In: Backhausen, W.; J.-P., Thommen (2006): Coaching. Durch systemisches Denken zu innovativer Personalentwicklung. 3. Auflage. Wiesbaden: Gabler, S. 273-306.

Chartered Institute of Personnel and Development: (2004): Training and Development. London: Chartered Institute of Personnel and Development.

Dall'Osto, C; Viehweg Schmid, S.: Coaching bei Helsana – ein Angebot für Führungskräfte. In: Backhausen, W.; Thommen, J.-P. (2006): Coaching. Durch systemisches Denken zu innovativer Personalentwicklung. 3. Auflage. Wiesbaden: Gabler, S. 307-333.

Dembkowski, S.; Eldridge, F.; Hunter, I. (2006): The seven steps of effective executive coaching. London: Thorogood.

Literaturverzeichnis

Dieckmann, A. (1996): Empirische Sozialforschung. Grundlagen, Methoden, Anwendungen. 2., durchgesehene Auflage. Reinbek bei Hamburg: Rowohlt Taschenbuch Verlag.

Dreßler, M.; Große Peclum, K.-H.: Coaching bei der HVB – Realisation einer Vertriebsoffensive. In: Backhausen, W.; Thommen, J.-P. (2006): Coaching. Durch systemisches Denken zu innovativer Personalentwicklung. 3. Auflage. Wiesbaden: Gabler, S. 367-387.

Dziwis, B.-J.: Nur die Besten haben einen Coach! – Coaching bei der Vaillant Group. In: Backhausen, W.; Thommen, J.-P. (2006): Coaching. Durch systemisches Denken zu innovativer Personalentwicklung. 3. Auflage. Wiesbaden: Gabler, S. 407-417.

Fisseni, H.-J.; Preusser, I. (2007): Assessment-Center. Eine Einführung in Theorie und Praxis. Göttingen (u.a.): Hogrefe.

Flick, U. (2000): Qualitative Forschung. Theorie, Methoden, Anwendung in Psychologie und Sozialwissenschaften. 5. Auflage. Reinbek bei Hamburg: Rowohlt Taschenbuch Verlag.

Frey, T. R. (2007): Personalentwicklung in Unternehmen – Ein Arbeitsfeld für Erwachsenenpädagogen. Bielefeld: W. Bertelsmann Verlag.

Friedrichs, H.: Führungskräfte-Coaching bei RWE Rheinbraun. In: PERSONAL, 10, 2003, S. 42-45.

Funke, U.; Höft, S.: Simulationsorientierte Verfahren der Personalauswahl. In: Schuler, Heinz (Hrsg.) (2006) : Lehrbuch der Personalpsychologie. 2., überbearbeitete und erweiterte Auflage. Göttingen (u.a.): Hogrefe, S. 145-187.

Fürnkranz, W.: Supervision. In: Grubitzsch, S.; Weber, K. (1998): Psychologische Grundbegriffe. Ein Handbuch. Reinbeck bei Hamburg: Rowohlt Taschenbuch GmbH, S. 620-621.

Gerhardt, C; Webers, T.: Von Qualitätsstandards, Zertifizierungen, Verbänden – und der Praxis. In: Wirtschaftspsychologie aktuell, 1, 2005, S. 55-57.

Geßner, A. (2000): Coaching – Modelle zur Diffusion einer sozialen Innovation in der Personalentwicklung. Frankfurt am Main: Peter Lang.

Giesecke, H. (2000): Pädagogik als Beruf. Grundformen pädagogischen Handelns. 7. Auflage. Weinheim und München: Juventa Verlag.

Gläser, J.; Laudel, G. (2006): Experteninterviews und qualitative Inhaltsanalyse als Instrumente rekonstruierender Untersuchungen. 2., durchgesehene Auflage. Wiesbaden: VS Verlag für Sozialwissenschaften.

Höft, S.; Schuler, H.: Konstruktorientierte Verfahren der Personalauswahl. In: Schuler, Heinz (Hrsg.) (2006) : Lehrbuch der Personalpsychologie. 2., überbearbeitete und erweiterte Auflage. Göttingen (u.a.): Hogrefe, S. 101-144.

Honer, A.: Das explorative Interview. Zur Rekonstruktion der Relevanzen von Expertinnen und anderen Leuten. In: Schweizerische Zeitschrift für Soziologie, 20, 1994, S. 623-640.

Hossiep, R.: Personalauswahl. In: Auhagen, A. E.; Bierhoff, H.-W. (Hrsg.) (2003): Angewandte Sozialpsychologie. Das Praxishandbuch. Weinheim u.a.: Beltz Verlag, S. 260-278.

Jarvis, J. (2004): Coaching and buying coaching services – a CIPD guide. London: Chartered Institute of Personnel and Development.

Kaul, C.: Coaching bei Volkswagen. In: Wirtschaftspsychologie aktuell, 1, 2005, S. 29-32.

Literaturverzeichnis

Kaul, C.: Einsame Spitze – Coaching bei Volkswagen. In: Backhausen, W.; Thommen, J.-P. (2006): Coaching. Durch systemisches Denken zu innovativer Personalentwicklung. 3. Auflage. Wiesbaden: Gabler, S. 351-366.

Kals, E.: Analyse und Gestaltung von Arbeitsplätzen, -prozessen, -systemen. In: Kals, E. (2006): Arbeits- und Organisationspsychologie. Workbook. Weinheim: Beltz Verlag, S. 176-188.

Kals, E.: Personalauswahl: Eignung und Beurteilung. In: Kals, E. (2006): Arbeits- und Organisationspsychologie. Workbook. Weinheim: Beltz Verlag, S. 65-80.

Kassner, K.; Wassermann, P.: Nicht überall, wo Methode draufsteht, ist auch Methode drin. Zur Problematik der Fundierung von Experteninterviews. In: Bogner, A.; Littig, B.; Menz, W. (Hrsg.) (2005): Das Experteninterview. Theorie, Methode, Anwendung. 2. Auflage. Wiesbaden: VS Verlag für Sozialwissenschaften, S. 95-111.

Knauf, H.: Das Konzept der Schlüsselqualifikationen und seine Bedeutung für die Hochschule. Einführung in das Thema. In: Knauf, H.; Knauf, M. (Hrsg.) (2003):Schlüsselqualifikationen praktisch. Veranstaltungen zur Förderung überfachlicher Qualifikationen an deutschen Hochschulen. Bielefeld: Bertelsmann Verlag, S. 11-29.

Künzli, H.: Wirksamkeitsforschung im Coaching. In: Lippmann, E. (Hrsg.) (2006): Coaching. Angewandte Psychologie für die Beratungspraxis. Heidelberg: Springer Medizin Verlag, S. 280-294.

Lippmann, E.: Grundlagen. In: Lippmann, E. (Hrsg.) (2006): Coaching. Angewandte Psychologie für die Beratungspraxis. Heidelberg: Springer, S. 11-46.

Lippmann, E.: Hilfestellungen für beide Seiten. In: Lippmann, E. (Hrsg.)(2006): Coaching. Angewandte Psychologie für die Beratungspraxis. Heidelberg: Springer, S. 351-358.

Lippmann, E.: Settings. In: Lippmann, E. (Hrsg.) (2006): Coaching. Angewandte Psychologie für die Beratungspraxis. Heidelberg: Springer, S. 47-66.

Looss, W.; Rauen, C: Einzel-Coaching – Das Konzept einer komplexen Beratungsbeziehung. In: Rauen, C. (Hrsg.) (2005): Handbuch Coaching. 3., überarbeitete und erweiterte Auflage. Göttingen: Hogrefe, S. 155-182.

Maleska, B.: Coaching – Integraler Bestandteil des Vorwek Performance Managements. In: Backhausen, W.; Thommen, J.-P. (2006): Coaching. Durch systemisches Denken zu innovativer Personalentwicklung. 3. Auflage. Wiesbaden: Gabler, S. 335-350.

Manz, A.: Was macht ein Coach? Nur ein Modetrend oder ernstzunehmendes Tätigkeitsfeld? In: Päd. Blick, 1, 2007, S. 20-26.

McAdam, S. (2005): Executive Coaching. How to choose, use and maximize value for yourself and your team. London: Thorogood.

Marcus, B.; Schuler, H.: Biografieorientierte Verfahren der Personalauswahl. In: Schuler, H. (2006): Lehrbuch der Personalpsychologie. 2., überarbeitete und erweiterte Auflage. Göttingen: Hogrefe Verlag. S. 189-226.

Marlinghaus, R.; Stahl, G. K.: Coaching von Führungskräften: Anlässe, Methoden, Erfolg. Ergebnisse einer Befragung von Coaches und Personalverantwortlichen. In: zfo, 4, 2000, S. 199-207.

Meuser, M.; Nagel, U.: ExpertInneninterviews – vielfach erprobt, wenig bedacht. Ein Beitrag zur qualitativen Methodendiskussion. In: Bogner, A.; Littig; B.; Menz, W. (2005): Das Experteninterview. Theorie, Methode, Anwendung. 2. Auflage. Wiesbaden: VS Verlag für Sozialwissenschaften, S. 71-93.

Meuser, M.; Nagel, U.: Das ExpertInneninterview – Wissenssoziologische Voraussetzungen und methodische Durchführung. In: Friebertshäuser, B.; Prengel, A. (Hrsg.) (2003): Handbuch Qualitative Forschungsmethoden in der Erziehungswissenschaft. Studienausgabe. Weinheim und München: Juventa Verlag, S. 481-491.

Meuser, M.; Nagel, U.: Expertenwissen und Experteninterview. In: Hitzler, R.; Honer, A.; Maeder, C. (Hrsg.) (1994): Expertenwissen, Opladen: Westdeutscher Verlag, S. 180-192.

Meuser, M.; Nagel, U.: Vom Nutzen der Expertise. Experteninterviews in der Sozialberichterstattung. In: Bogner, A.; Littig, B.; Menz, W. (Hrsg.) (2005): Das Experteninterview. Theorie, Methode, Anwendung. 2. Auflage. Wiesbaden: VS Verlag für Sozialwissenschaften, S. 257-272.

Morse, J. M.: Designin Funded Qualitative Research. In: Denzin, N.; Lincoln, Y.S. (Hrsg.) (1994): Handbook of Qualitative Research. London: Sage, S. 220-235

Müller-Vorbrüggen, M.; Bayer, S.: Standards für Coaching. In: PERSONAL, 07-08, 2005, S. 26-28.

Offermanns, M.; Steinhübel, A. (2006): Coachingwissen für Personalverantwortliche. Frankfurt/New York: Campus Verlag.

Pietschmann, B.P.; Leufen, D: Coaching in deutschen Unternehmen. In: PERSONAL, 10, 2003, S. 38-40.

Rauen, C (2003): Coaching. Göttingen: Hogrefe.

Rauen, C: Varianten des Coachings im Personalentwicklungsbereich. In: Rauen, C. (Hrsg.) (2005): Handbuch Coaching. 3., überarbeitete und erweiterte Auflage. Göttingen: Hogrefe, S. 111-136.

Schmid, B.: Coaching und Team-Coaching aus systemischer Perspektive. In: Rauen, C. (Hrsg.) (2005): Handbuch Coaching. 3., überarbeitete und erweiterte Auflage. Göttingen: Hogrefe, S.200-205.

Schmidt, C.: „Am Material": Auswertungstechniken für Leitfadeninterviews. In: Friebertshäuser, B.; Prengel, A. (Hrsg.) (2003): Handbuch Qualitative Forschungsmethoden in der Erziehungswissenschaft. Studienausgabe. Weinheim und München: Juventa Verlag, S. 544-568.

Scholl, A. (2003): Die Befragung. Sozialwissenschaftliche Methode und kommunikationswissenschaftliche Anwendung. Konstanz: UVK Verlagsgesellschaft.

Schreyögg, A: Coaching. In: Nestmann, F.; Engel, F. & Sickendiek, U. (Hrsg.) (2004): Das Handbuch der Beratung. Band 2: Ansätze, Methoden und Felder. Tübingen: dgvt-Verlag, S. 947-957.

Schreyögg, A. (2003): Coaching. Eine Einführung für Praxis und Ausbildung. 6., überarbeitete und erweiterte Auflage. Frankfurt: Campus Verlag.

Schreyögg, A.: Die Zukunft des Coachings. In: Lippmann, E. (Hrsg.)(2006): Coaching. Angewandte Psychologie für die Beratungspraxis. Heidelberg: Springer, S. 314-323.

Schuler, H.: Arbeits- und Anforderungsanalyse. In: Schuler, Heinz (Hrsg.) (2006) : Lehrbuch der Personalpsychologie. 2., überbearbeitete und erweiterte Auflage. Göttingen (u.a.): Hogrefe, S. 45-68

Schuler, H. (2002): Das Einstellungsinterview. Göttingen u.a.: Hogrefe.

Schuler, H. (Hrsg.) (2006) : Lehrbuch der Personalpsychologie. 2., überbearbeitete und erweiterte Auflage. Göttingen (u.a.): Hogrefe.

Literaturverzeichnis

Schuler, H. (1998): Psychologische Personalauswahl: Einführung in die Berufseignungsdiagnostik. 2. unveränderte Auflage. Göttingen: Verlag für Angewandte Psychologie.

Skiffington, S; Zeus, P. (2006): The Complete Guide to Coaching at Work, North Ryde: McGraw-Hill Book Company Australia Pty Limited.

Staufenbiel, T.; Rösler, F.: Personalauswahl. In: Frey, D.; Hoyos, C.G. (1999): Arbeits- und Organisationspsychologie. Ein Lehrbuch. Weinheim: Psychologie Verlags Union, S. 488-509.

Steiner, A.: Coaching per Wertmarke. In: managerSeminare, 77, 2004, S. 62-68.

Stienen, C.: Coaching bei Metro Cash & Carry. In: Wirtschaftspsychologie aktuell, 1, 2005, S. 48-49.

Thommen, J.-P.; Viehweg Schmid, S.; Rock, C.: Coaching an der EUROPEAN BUSINESS SCHOOL (ebs) – Ein Angebot für zukünftige Führungskräfte. In: Backhausen, W.; Thommen, J.-P. (2006): Coaching. Durch systemisches Denken zu innovativer Personalentwicklung. 3. Auflage. Wiesbaden: Gabler, S. 389-406.

Trinczek, R.: Wie befrage ich Manager? Methodische und methodologische Aspekte der Experteninterviews als qualitativer Methode empirischer Sozialforschung. In: Bogner, A.; Littig, B.; Menz, W. (Hrsg.) (2005): Das Experteninterview. Theorie, Methode, Anwendung. 2. Auflage. Wiesbaden: VS Verlag für Sozialwissenschaften, S. 209-222.

Ulich, D. (1987): Krise und Entwicklung. Zur Psychologie der seelischen Gesundheit. München, Weinheim: Psychologie Verlags Union.

Vogelauer, W.: Coaching. In: Auhagen, A. E.; Bierhoff, H.-W. (Hrsg.) (2003): Angewandte Sozialpsychologie. Das Praxishandbuch. Weinheim u.a.: Beltz Verlag, S. 175-193.

Walther, P.: Coaching-Pools. Beratereinsatz mit System. In: managerSeminare, 99, 2006, S. 60-69.

Werle, K. : Die Stunde der Scharlatane. In: managermagazin, 3, 2007, S. 152-158.

Wrede, B.A.: So finden Sie den richtigen Coach. In: Rauen, C. (Hrsg.) (2005): Handbuch Coaching. 3., überarbeitete und erweiterte Auflage. Göttingen: Hogrefe, S. 313-351.

Wrede, B.A. (2000): So finden Sie den richtigen Coach. Mit professioneller Unterstützung zu beruflichem und privatem Erfolg. Frankfurt: Campus Verlag.

Zedler, P.: Wirtschaft. In: Otto, H.-U.; Rauschenbach, T., Vogel, P. (Hrsg.) (2002): Erziehungswissenschaft: Arbeitsmarkt und Beruf. Opladen: Leske + Budrich, S. 95-103.

Internetverzeichnis

http://www.coaching-gutachten.de/index.htm [05.06.2007]

http://www.frank-bresser.com/Bresser_Coaching-Research-Project-2005_Part1.pdf [05.06.2007]

http://www.frank-bresser.com/Bresser_Coaching-Research-Project-2005_Part2.pdf [05.06.2007]

http://www.frank-bresser.com/Bresser_12_Dim_of_Coach_Part1.pdf [05.06.2007]

http://www.frank-bresser.com/Bresser_12_Dim_of_Coach_Part2.pdf [05.06.2007]

http://www.vw-coaching.de/ [05.06.2007]

Interviewleitfaden "Auswahlprozesse von externen Coachs"

Vorbemerkungen

Ziel der Untersuchung ist es herauszufinden, welches Auswahlverfahren sich besonders gut für die Auswahl von externen Coachs seitens der Unternehmen eignet. Ziel des Interviews ist es, herauszufinden wie die Coach-Auswahl in Ihrem Unternehmen stattfindet.

Schütz der persönlichen Daten und Anonymität der Daten
Aufnahme des Gespräches auf Tonband

I. Einleitung

> **Impulsfrage 1:**
> Welche Bedeutung hat Coaching in Ihrem Unternehmen und wie wird damit verfahren?

Detailfragen:

- Was wird in Ihrem Unternehmen unter Coaching verstanden?
- Seit wann wird von der Maßnahme Coaching in Ihrem Unternehmen Gebrauch gemacht?
- Wo ist Coaching in Ihrem Unternehmen organisatorisch angesiedelt?
- Mit welchen personellen Ressourcen bearbeiten Sie das Thema Coaching?
- Für welche Zielgruppe und welche Themen setzen Sie Coaching ein?

II. Auswahlprozess für externen Coachs

Impulsfrage 2: Wie ist in Ihrem Unternehmen der Auswahlprozess für externe Coachs strukturiert?

Detailfragen:

- Wer ist daran beteiligt? Personalabteilung? Fachbereich?
- Mehrstufiger Selektionsprozess?
- Wurde in Ihrem Unternehmen eine gewisse Anzahl an Coachs für den unternehmenseigenen Coach-Pool ausgewählt? Oder: Werden Coachs zur individuellen Beratung eines einzelnen Mitarbeiters ausgewählt?

Impulsfrage 3:
Wie ist Ihre Vorauswahl von externen Coachs angelegt und welche Kriterien ziehen Sie dafür heran?

Detailfragen:

- Wie ist die Vorauswahl von Coachs strukturiert?
- Worauf legen Sie bei der Vorauswahl besonders viel Wert?
- Inwiefern spielen folgende Kriterien bei der Vorauswahl externer Coach eine Rolle?

Stichwörter:
- Adäquate Coaching-Erfahrung
- Relevante Funktions- bzw. Branchenerfahrung
- Relevante Qualifikationen und Training
- Breites Methoden- und Theorierepertoire
- Andere Qualitäten und persönliche Eigenschaften

> **Impulsfrage 4:**
> Über welche Kompetenzen, Qualifikationen und persönliche Eigenschaften sollte ein Coach verfügen, um in Ihren Unternehmen als Coach tätig sein zu können?

Detailfragen:

- Welche Anforderungen werden an den Coach im Rahmen des konkreten Auswahlprozesses, nach abgeschlossener Vorauswahl, gestellt?
- Worauf legen Sie bei der Auswahl besonders viel Wert?
- Inwiefern spielen folgende Kriterien bei der Auswahl externer Coach eine Rolle? (Falls dies noch nicht erwähnt, oder bereits im Rahmen der Vorauswahl ausgiebig besprochen wurde)

Stichwörter:
- Adäquate Coaching-Erfahrung
- Relevante Funktions- bzw. Branchenerfahrung
- Relevante Qualifikationen und Training
- Breites Methoden- und Theorierepertoire
- **Andere Qualitäten und persönliche Eigenschaften**

Impulsfrage 5:
Welche Auswahlmethoden und -instrumente setzen sie im Rahmen des Selektionsprozesses ein?

Detailfragen:

- Bitte Beschreiben Sie das Verfahren
- Welche Methoden / Instrumente setzen Sie zur Coach-Auswahl ein?
- Auswertung der Bewerbungsunterlagen/ des Beraterprofils, biographische Fragebogen (Biographieorientierte Verfahren)
- Persönliches Interview - Vorstellungsgespräch
- Rollenspiele, Präsentationen (Simulationsorientierte Verfahren)
- Tests wie z.B. Intelligenztest, Motivationstest (Konstruktorientierte Verfahren)
- Warum hat man sich für dieses Instrument/ diese Instrumente entschieden, um
  die Auswahl von Coachs durchzuführen?
- Hat man von Anfang an, dieses Instrument/ diese Instrumente zur Coach-Auswahl eingesetzt?

**Impulsfrage 6:
Was wollen Sie mit diesen Methoden und Instrumenten genau erfassen bzw. abdecken?**

Stichwörter:

- Qualifikationen
- persönliche Eigenschaften
- Kompetenzen

Impulsfrage 7:
Wie evaluieren Sie den Erfolg des Auswahlprozesses?

Detailfragen:

- Welche Instrumente bzw. Methoden ziehen Sie zur Bewertung heran?
- Wie bewerten Sie den Erfolg des Auswahlprozesses?
- Wie zufrieden sind Sie mit dem Auswahlverfahren?
- An welcher Stelle bewerten Sie den Erfolg des Auswahlprozesses (nach dem Auswahlprozess selber oder nach Abschluss einer Coaching-Maßnahme?)

III. Empfehlung für anderen Unternehmen

Impulsfrage 8:
Welche Empfehlungen würden Sie anderen Unternehmen, die ebenfalls Coach-Auswahlprozesse implementieren möchten, geben?

Detailfragen:

- Welche Methoden und Auswahlinstrumente würden Sie besonders empfehlen?
- Gibt es irgendetwas, worauf Sie bei der Implementierung eines solchen Prozesses besonders achten würden?

IV. Schluss

Abschlussfrage:
Fällt Ihnen noch etwas wichtiges zum Thema Coachselektion ein, das ich noch nicht beachtet habe?

Herzlichen Dank für Ihre Unterstützung!

Coach-Profilbogen

Kontaktdaten

Name: Vorname: PLZ, Standort: Strasse, NR: Telefon: Mobil: Email:

Hochschulstudium, Coaching-Ausbildung und Weiterbildungen

Universität / Institution	Kurzbeschreibung	Ort	Zeitraum	Abschluss

Berufserfahrung

Firma / Institution	Position	Tätigkeitsbeschreibung	Zeitraum	Branche

Coaching-Erfahrung

Firma / Institution	Branche	Hierarchische Ebene des Coachees	Coaching-Anlass	Zeitraum

Prüfung der Referenzen nach Absprache möglich? Ja ☐ Nein ☐

Coaching-Schwerpunkte

1.	
2.	
3.	
4.	
5.	

Coaching-Methoden und –Techniken

1.	
2.	
3.	
4.	
5.	

Supervision

Nehmen Sie Supervision in Anspruch? Ja ☐ Nein ☐

Zielgruppen im Coaching

Unteres Management ☐ Mittlere Management ☐ Top-Management ☐
Weitere Zielgruppen:
_____
_____

Sprachkenntnisse

Sprache:_____

Muttersprachler ☐ Fließend in Wort und Schrift ☐ Verhandlungssicher ☐

Sprache:_____

Muttersprachler ☐ Fließend in Wort und Schrift ☐ Verhandlungssicher ☐

Mobilität und regionale Verfügbarkeit

In welcher Regionen sind Sie als Coachs tätig?_____
_____
_____

Zeitliche Verfügbarkeit

Wie schätzten Sie Ihre zeitliche Verfügbarkeit ein?_____
_____
_____

Honorar und eventuelle zusätzliche Kosten
_____
_____
_____

Internationale und interkulturelle Erfahrungen
_____
_____
_____

Die VDM Verlagsservicegesellschaft sucht für wissenschaftliche Verlage abgeschlossene und herausragende

Dissertationen, Habilitationen, Diplomarbeiten, Master Theses, Magisterarbeiten usw.

für die kostenlose Publikation als Fachbuch.

Sie verfügen über eine Arbeit, die hohen inhaltlichen und formalen Ansprüchen genügt, und haben Interesse an einer honorarvergüteten Publikation?

Dann senden Sie bitte erste Informationen über sich und Ihre Arbeit per Email an *info@vdm-vsg.de*.

Sie erhalten kurzfristig unser Feedback!

VDM Verlagsservicegesellschaft mbH
Dudweiler Landstr. 99
D - 66123 Saarbrücken
Telefon +49 681 3720 174
Fax +49 681 3720 1749
www.vdm-vsg.de

Die VDM Verlagsservicegesellschaft mbH vertritt

Printed in Germany
by Amazon Distribution
GmbH, Leipzig